GOLDMANN

W0029198

Buch

»Die Sufis sind moslemische Mystiker. Ihre Meister sind für ihre Geschichten berühmt, für das Erzählen kurzer Anekdoten, die beim ersten Hören schlicht und einfach wirken, aber einen Kern großer Weisheit enthalten. Die Geschichten werden nicht als Predigten vorgetragen. Es bleibt dem Hörer überlassen, sie nach eigenem Gutdünken aufzufassen...«

Ganz ähnlich wie solche Sufi-Geschichten sind auch Robert Fulghums Betrachtungen und Anekdoten: Erzählungen, die zum Nachdenken anregen, kleine Geschichten, die auf den ersten Blick ganz gewöhnlich wirken und doch einen tiefen Kern menschlicher Wahrheit und Weisheit enthalten. Wir sollen lernen, die scheinbar selbstverständlichen und altvertrauten Dinge unseres Alltags bewußt wahrzunehmen und gleichsam mit neuen Augen zu sehen. Die unerwarteten Einsichten, die sich daraus ergeben, machen uns erst bewußt, wie blind wir oftmals durch das Leben gehen, wie wenig wir es noch verstehen, selbst im Kleinsten die Wunder des Lebens zu erkennen und zu achten.

Mit dem ihm eigenen Humor und einer großen menschlichen Wärme geschrieben, sind Fulghums Geschichten eine wahre Schule der Lebenskunst.

Autor

Robert Fulghum hat ein bewegtes Leben als Priester, Cowboy und Folksänger, IBM-Vertreter, Maler, Barkeeper, Kunsterzieher, Schriftsteller, Amateurphilosoph und Vater hinter sich. Zur Zeit lebt er mit seiner Frau auf einem Hausboot in Seattle. Mit seinem ersten Buch »Alles, was du wissen mußt, hast du schon als Kind gelernt« (Goldmann-Taschenbuch 41023 und Goldmann-Großschrift-Taschenbuch 7263) gelang ihm ein sensationeller Publikumserfolg.

Robert Fulghum

Mit einem Lächeln leben lernen

Aus dem Amerikanischen von
Margarete Längsfeld

GOLDMANN VERLAG

Ungekürzte Ausgabe

Titel der Originalausgabe: It Was on Fire When I Lay Down on It
Originalverlag: Villard Books, New York

Die Übersetzung des Euripidestextes auf Seite 12 wurde der Ausgabe: Euripides, »Sämtliche Tragödien. Nach der Übersetzung von J. J. Donner. Bearbeitet von Richard Kannicht, Band II«, Stuttgart 1958, entnommen.

Umwelthinweis:
Alle bedruckten Materialien dieses Taschenbuches
sind chlorfrei und umweltfreundlich.
Das Papier enthält Recycling-Anteile.

Der Goldmann Verlag
ist ein Unternehmen der Verlagsgruppe Bertelsmann

Made in Germany · 1. Auflage · 2/93

Umschlagentwurf: Design Team München
Druck: Elsnerdruck, Berlin
Verlagsnummer: 42004
MV · Herstellung: Stefan Hansen
ISBN 3-442-42004-0

Ich glaube, daß die Phantasie stärker ist als das Wissen;
daß der Mythos überzeugender ist als die Geschichte;
daß Träume mächtiger sind als Tatsachen;
daß die Hoffnung immer über die Erfahrung triumphiert;
daß das Lachen das einzige Heilmittel für den Kummer ist;
und ich glaube, daß die Liebe stärker ist als der Tod.

An die Leserinnen und Leser

Wenn es etwas gibt, was mir in der Schule, als Schüler wie als Lehrer, ganz besonderen Spaß gemacht hat, dann waren es die Stunden, in denen man etwas mitbringen und darüber erzählen durfte. Nicht etwa die Pausen oder Mahlzeiten, sondern die allwöchentliche Gelegenheit, bei der die Schüler etwas, das ihnen persönlich wichtig war, in die Klasse mitnehmen durften, um darüber zu erzählen und mit den anderen darüber zu reden.

Als Kind verwandte ich, wenn ich dann an der Reihe war, jedesmal mehr Zeit auf die Vorbereitung meiner Geschichte als auf meine übrigen Hausaufgaben. Im Gegensatz zu vielem, was ich sonst in der Schule lernte, war dieses »Schaut mal, was ich hier habe...« irgendwie *real*. Hier lernten wir Dinge, die unmittelbar aus unserer Lebenserfahrung hervorgingen. Und hier gab es kaum Regeln – du konntest deine Sache vortragen, ohne mit dem Rotstift korrigiert oder ungeduldig unterbrochen und auf deinen Platz zurückgeschickt zu werden.

Als Lehrer hat es mich später stets erstaunt, was ich aus diesen improvisierten Stunden lernte. Ein Kind, das ich gut zu kennen glaubte, langte in die mitgebrachte Papiertüte, angelte einen merkwürdig geformten Schatz heraus und gab ihm eine Bedeutung, die meine ausgefallensten Vorstellungen übertraf. In solchen Augenblicken war ich es, der Lehrer, dem etwas beigebracht wurde.

Immer aufs neue lernte ich, daß das, wovon ich dachte,

es sei nur für mich gültig, werde nur von mir geschätzt und nur von mir gewürdigt, Allgemeingut war...

»Schaut mal, was ich hier habe...« war stets ein bißchen chaotisch und unberechenbar. Und wenn die Vorträge vielleicht auch ein wenig unorthodox gegliedert waren, so zeichneten sie sich dafür dadurch aus, daß der Erzähler mit ganzem Herzen bei der Sache war.

Die Prinzipien, die diesem Buch zugrunde liegen, sind dem Geist des »Schaut mal, was ich hier habe...« nicht unähnlich. Es geht hier um ganz persönliche Dinge – um Dinge, die mich im Innersten meines Geistes und Herzens bewegen. Der Band setzt dort ein, wo ich in *Alles, was Du wirklich wissen mußt, hast Du schon als Kind gelernt* aufgehört habe, als ich zu erzählen versprach, wie ich mich hinlegte und mein Bett zu brennen anfing.

Dieses Buch ist eine Rückbesinnung auf das Leben, dem es entnommen ist. Keine Sammlung wohlausgearbeiteter Aufsätze, sondern lauter (vielleicht ein bißchen aufpolierte) Aperçus für den privaten Gebrauch. Eine Laienarbeit. Ich würde Ihnen daraus vorlesen, aber da das nicht möglich ist, mache ich Ihnen einen Vorschlag, der eher an eine Bitte grenzt. Sie wissen doch, wie das ist, wenn Sie mit der Post einen Brief von einem Freund in der Ferne bekommen, und Sie reißen ihn auf und fangen an zu lesen, und jemand im Zimmer sagt: »Lies doch laut«, und Sie tun es und reden dabei darüber und flechten Ihre eigenen Bemerkungen und Erklärungen ein? Lesen Sie es so. Schauen Sie mal, was ich hier habe...

Robert Fulghum

DIE GESCHICHTE STAND in einem Boulevardblatt. Dort hieß es schlicht, in einer Kleinstadt sei die Feuerwehr zu einem Haus gerufen worden, wo in einem der oberen Stockwerke Rauch aus dem Fenster quoll. Die Feuerwehrmänner drangen ein und fanden einen Mann in einem schwelenden Bett. Nachdem er gerettet und die Matratze gelöscht war, stellten sie ihm die unumgängliche Frage: »Wie ist das passiert?«

»Ich weiß nicht. Es hat schon gebrannt, als ich mich hingelegt habe.«

Die Geschichte haftet wie eine Klette in meinem Gedächtnis.

Und sie erinnert mich an einen Satz aus der Widmung eines Buches, den ich mir in mein Tagebuch geschrieben habe: »*Quid rides? Mutato nomine de te fabula narratur.*« Lateinisch. Aus den Werken des Horaz. Übersetzt: »Warum lachst du? Ändere den Namen, und die Geschichte handelt von dir.«

Es hat schon gebrannt, als ich mich hingelegt habe.

Viele von uns könnten sich das auf ihren Grabstein setzen lassen. Eine Lebensgeschichte in einem Satz. Vom Regen in die Traufe. Ich suchte Ärger und hatte ihn, sobald ich ihn fand. Beim ersten Mal war ich vom Teufel gelenkt, danach hab' ich es von allein getan.

Oder lassen Sie mich, um das Ganze etwas weniger pathetisch anzugehen, ein Gespräch mit einem Kollegen wiedergeben, der sich darüber beschwerte, daß er Tag für Tag denselben Mist in seinem Lunchpaket hatte.

»Und wer packt dir das Essen ein?« fragte ich.

»Ich«, sagte er.

Mit diesem Benehmen befinden wir uns übrigens in durchaus angesehener Gesellschaft. Schon Paulus hat gesagt: »Denn ich weiß nicht, was ich tue. Denn ich tue nicht, was ich will; sondern was ich hasse, das tue ich.«

Und der griechische Dramatiker Euripides legt Medea, unmittelbar bevor sie ihre Kinder ermordet, die Worte in den Mund: »Wohl fühl ich, welchen Greuel ich vollbringen will, doch stärker als mein Denken ist die Leidenschaft.«

Die Psychiater verdienen sich an diesem Dilemma eine goldene Nase, und die Theologen machen viel Lärm darum. Aber es ist nicht nur ungelöst, es ist unlösbar. Wir alle leben mit diesem Dilemma und trösten uns allenfalls damit, daß auch die anderen sich immer wieder in das eine oder andere brennende Bett legen. Es wäre besser, wir könnten einfach die Betten belegen, die wir uns aussuchen, und damit gut.

Und noch etwas.

Es betrifft den Mann in der Geschichte von dem brennenden Bett. Wie bei den meisten Dingen, die wir andere Leute tun sehen, wissen wir nicht, *warum* sie *es* tun. Wenn uns schon unsere eigenen Handlungen ein Rätsel sind, um wieviel mehr sind es dann erst die der anderen? Warum hat der Mann sich nur in das brennende Bett gelegt? War er betrunken? Krank? Ein Selbstmörder? Blind? Ausgefroren? Nicht ganz richtig im Kopf? Hatte er einfach einen seltsamen Sinn für Humor? Oder was? Ich weiß es nicht. Ohne mehr über ihn zu wissen, ist es schwer zu beurteilen.

Sicher, wir gehen hin und fällen unser Urteil, so oder so. Aber wenn wir unser Urteil etwas öfter aufschieben würden, könnten wir uns alle vielleicht ein wenig besser leiden.

Gott, so steht geschrieben, hat Adam und Eva, seine ersten Kinder, gewarnt. Deutlich. Eßt nicht von dieser Frucht – es bringt Ärger. Den Rest der Geschichte kennen Sie...

Und ein Teil der Geschichte steht in diesem Buch.

DIE PAPPSCHACHTEL TRÄGT die Aufschrift »Die guten Sachen.« Während ich dies schreibe, kann ich die Schachtel hoch oben in einem Regal in meinem Arbeitszimmer sehen. Ich habe es gern, wenn ich sie beim Aufblicken betrachten kann. Die Schachtel enthält den ganzen Krimskrams, der die vielen Aufräum- und Wegwerfanfälle überlebt hat, die mich von Zeit zu Zeit ergreifen. Die Schachtel hat das Ausmisten überstanden, wenn ich wieder einmal umgezogen bin und Sachen von einem Speicher zum anderen geschleppt habe. Ein Dieb, der einen Blick in die Schachtel würfe, würde nichts mitnehmen – er bekäme keinen Pfennig dafür. Aber wenn das Haus jemals in Brand gerät, greife ich erst zu der Schachtel, bevor ich losrenne.

Eines der Andenken in der Schachtel ist eine kleine Papiertüte. Von der Größe eines Butterbrotbeutels. Obwohl oben mit Klebeband, Heftklammern und mehreren Büroklammern verschlossen, kann man den Inhalt durch einen fransigen Riß an der Seite sehen.

Diesen Butterbrotbeutel verwahre ich seit etwa vierzehn Jahren. Aber eigentlich gehört er meiner Tochter Molly.

Sobald sie in die Schule gekommen war, beteiligte sie sich eifrig am Zurechtmachen der Eßpakete für sich, ihre Brüder und mich. In jede Tüte kamen Butterbrote, Äpfel, Milchgeld und zuweilen ein Zettel oder eine besondere

Leckerei. Eines Morgens reichte mir Molly beim Aufbruch zwei Tüten. Einen gewöhnlichen Butterbrotbeutel. Und die Tüte mit Klebeband, Heft- und Büroklammern. »Warum zwei Tüten?« – »Die andere ist was anderes.« – »Was ist da drin?« – »Bloß so Sachen – nimm sie mit.« Weil ich aus der Angelegenheit keine Affäre machen wollte, packte ich beide Beutel in meine Aktentasche, gab dem Kind einen Kuß und eilte davon.

Während ich mittags hastig meine Mahlzeit hinunterschlang, riß ich Mollys Tüte auf und schüttelte den Inhalt aus. Zwei Haarbänder, drei kleine Steine, ein Plastikdinosaurier, ein Bleistiftstummel, eine winzige Muschel, zwei Tierfigurenkekse, eine Murmel, ein benutzter Lippenstift, ein Püppchen, zwei Stückchen Eisschokolade und dreizehn Pennymünzen.

Ich lächelte. Reizend. Indem ich aufstand, um für den Nachmittag wieder meiner ach so wichtigen Arbeit nachzugehen, fegte ich den Schreibtisch sauber – in den Papierkorb. Essensreste, Mollys Kram, alles. Es war nichts dabei, was ich brauchte.

Am Abend stellte sich Molly neben mich, während ich die Zeitung las. »Wo ist meine Tüte?« – »Welche Tüte?« – »Die ich dir heute morgen gegeben habe.« – »Die hab' ich im Büro gelassen, wieso?« – »Ich hab' vergessen, diesen Zettel reinzutun.« Sie reicht mir den Zettel. »Und außerdem will ich sie wiederhaben.« – »Warum?« – »Das sind meine Sachen in der Tüte, Daddy, die, die ich richtig gern habe – ich dachte, du wolltest vielleicht damit spielen, aber jetzt will ich sie wiederhaben. Du hast die Tüte doch nicht verloren, Daddy?« Tränen traten ihr in die Augen. »O nein, ich habe nur vergessen, sie mit nach Hause zu bringen«, log ich. »Bring sie morgen mit, ja?« – »Na klar, keine Bange.« Während sie mich erleichtert umhalste, entfaltete ich den Zettel, der nicht mit in die Tüte gekommen war. »Ich hab' dich lieb, Daddy.«

Oh.

Und, also – o je!

Ich sah meinem Kind lange ins Gesicht.

Sie hatte recht – was in der Tüte war, war »was anderes.«

Molly hatte mir ihre Schätze gegeben. Alles, was einer Siebenjährigen lieb war. Liebe in einer Papiertüte. Und das war mir entgangen. Nicht nur entgangen, ich hatte es in den Papierkorb geworfen, denn »es war nichts dabei, was ich brauchte.« Guter Gott.

Das war nicht das erste oder das letzte Mal, daß ich das Gefühl hatte, mein »Vaterschein« laufe allmählich ab.

Es war eine weite Fahrt zurück ins Büro. Aber es blieb mir nichts anderes übrig. Also fuhr ich los. Die Pilgerfahrt eines Büßers. Eben noch rechtzeitig vor dem Hausmeister hob ich den Papierkorb hoch und kippte den Inhalt auf meinen Schreibtisch. Ich war gerade beim Sortieren, als der Hausmeister hereinkam, um seine Pflicht zu tun. »Was verloren?« – »Ja, meinen Verstand.« – »Ist sicher da drin, na klar. Wie sieht er aus. Ich helfe Ihnen suchen.« Zuerst wollte ich es ihm nicht sagen. Aber ich konnte mir nicht dämlicher vorkommen, als ich ohnehin schon war, und so erzählte ich ihm alles. Er hat nicht gelacht. Er hat gelächelt. »Ich habe auch Kinder.« So durchstöberte die Narrenbruderschaft den Abfall und fand die Schätze, und er lächelte mich an, und ich lächelte ihn an. Bei solchen Dingen ist man nie allein. Niemals.

Nachdem ich den Senf von dem Dinosaurier gewaschen und alles mit Atemfrisch besprüht hatte, um den Zwiebelgeruch abzutöten, glättete ich sorgfältig die zerknüllte braune Papierkugel zu einer halbwegs brauchbaren Tüte, steckte die Schätze hinein und brachte das Ganze beschwingt nach Hause, als hätte ich ein verletztes Kätzchen gerettet. Am nächsten Abend gab ich es Molly zurück, es wurden keine Fragen gestellt, keine Erklärungen abgegeben. Die Tüte sah nicht so gut aus, aber die Sachen waren da, und nur das zählte. Nach dem Essen bat ich Molly, mir von den Sachen in der Tüte zu erzählen, und sie nahm die Gegenstände Stück für Stück heraus und stellte sie in einer Reihe auf dem Eßtisch auf.

Das Erzählen dauerte lange. Jedes Ding hatte eine Geschichte, war mit einer Erinnerung oder mit Träumen oder imaginären Freunden verbunden. Einige Sachen hatten Feen gebracht. Und ich hatte ihr die Eisschokolade geschenkt, und sie hatte sie aufbewahrt, bis sie sie einmal brauchte. Es gelang mir, während des Erzählens mehrmals sehr weise »ich verstehe« zu sagen. Und wirklich, ich verstand.

Zu meiner Überraschung gab Molly mir einige Tage später die Tüte wieder mit. Eine zerrissene Tüte. Mit ein paar Sachen drin. Ich fühlte, mir wurde verziehen. Und vertraut. Und ich wurde geliebt. Und ich trug den Titel Vater wieder mit einem etwas besseren Gefühl. Etliche Monate lang bekam ich die Tüte von Zeit zu Zeit mit. Es war mir nie klar, warum sie mir an einem bestimmten Tag mitgegeben wurde oder nicht. Ich betrachtete sie allmählich als eine Art Belohnung und bemühte mich, am Abend brav zu sein, damit ich sie am nächsten Morgen mitbekam.

Mit der Zeit wandte Molly ihre Aufmerksamkeit anderen Dingen zu. Sie fand andere Schätze, verlor das Interesse an dem Spiel – wurde erwachsen. Na ja. Und ich? Mir blieb die Tüte. Molly gab sie mir eines Morgens und verlangte sie nie zurück. Und so habe ich sie noch.

Manchmal gedenke ich der vielen Male in diesem süßen Leben, da mir die Zuneigung entgangen sein muß, die mir geschenkt wurde. Ein Freund nennt dies »knietief im Fluß stehen und vor Durst sterben.«

Die abgegriffene Papiertüte ist also in der Schachtel. Ein Überbleibsel aus einer Zeit, als ein Kind sagte: »Hier – das ist das Beste, was ich habe. Nimm – es gehört dir. Was ich habe, gebe ich dir.«

Beim ersten Mal ist es mir entgangen. Aber jetzt gehört mir die Tüte.

Ich kenne eine Dame, die in der Innenstadt ein Spielwarengeschäft der gehobenen Klasse führt. Sie sagt, ihre beschwingten Kunden seien zumeist gutgekleidete Herren mittleren Alters, die am späten Vormittag kämen, wenn ihre Angestellten im Büro arbeiteten. Im Spielwarengeschäftsjargon heißen diese Herren »lockere Brieftaschen«. Nur das beste Spielzeug ist ihnen gut genug, und nie verlassen sie das Haus mit leeren Händen. Sie sagt, sie erkenne sie schon, wenn sie die Straße entlang kämen. Sie trügen eine eifrige, einfältige Miene zur Schau, und ihr Gang künde davon, daß sie etwas Erfreuliches vorhätten. Sie seien sichtlich unterwegs zu etwas, das ihnen Spaß mache, und sie würden nicht bloß zu Weihnachten, sondern das ganze Jahr über kommen.

Wer sind diese zahlungskräftigen Kunden?

Großväter. Ob sie gerade einen oder schon zahlreiche Enkel haben – das macht keinen Unterschied. Es ist, als ob sie von Gott gesandt kämen – in Erhörung des Gebets einer Spielwarenverkäuferin.

Ich bin auch so einer. Was bedeutet, daß ich neuerdings einen großen Teil meiner Zeit in Spielwarengeschäften verbringe, um meiner Enkelin Puppen zu kaufen.

(Keine Angst. Ich werde Ihnen nicht alles über meine Enkelin erzählen. Denn wenn Sie noch nicht unter die Großeltern gegangen sind, wollen Sie bestimmt nichts davon hören, und wenn Sie es schon sind, dann wollen Sie

vornehmlich mir alles über Ihr Enkelkind erzählen, das natürlich erstaunlicher ist als meins, und davon will wiederum ich nichts hören.

Das ist das Abwegige daran, Großvater oder Großmutter zu sein. Man will andauernd darüber reden. Und dabei mag sich eigentlich so recht keiner unseren Vortrag mit Bildern anhören – »Möchten Sie Fotos sehen?«)

Nun aber weiter. Die Puppen haben sich verändert, seit ich das letzte Mal vor fünfundzwanzig Jahren eine gekauft habe. Zum einen sind die meisten heute »anatomisch korrekt«, und die Verkäuferin ist immer ganz begierig, dies durch Hochhalten eines Kleides oder Herunterziehen einer Hose zu demonstrieren und dabei auszurufen: *»Sehen Sie, alles ganz echt!«*

Das ist das Schwierigste am Puppenkauf.

Theoretisch befürworte ich diese Entwicklung durchaus, aber ich weiß nicht, was peinlicher ist – die Demonstration ertragen oder bitten, sie einem zu ersparen. Ich glaube es auch so. Vielleicht erklärt das Drohen der obligatorischen Demonstration, warum Großväter Puppen am liebsten am späten Vormittag kaufen, wenn sonst niemand im Spielwarengeschäft ist.

Aber die Fortschritte der Spielwarenhersteller gehen weit über realistische Körperteile hinaus. Es gibt kaum eine Grenze dafür, was eine Puppe kann.

»Kitzelbaby« lacht, wenn man es unter den Armen reibt.

»Wupsie« macht Kreischgeräusche, und ihre Haare fliegen hoch, wenn man sie auf den Bauch drückt.

»Wickelbaby« bekommt Windelausschlag. Mehr noch, die Puppe wird nicht nur mit der Lotion verkauft, die den Ausschlag beseitigt, sondern auch mit einer Lotion, die den Ausschlag erst einmal erzeugt.

Das »Neugeborene Baby« gibt es »genau, wie es aus dem Krankenhaus entlassen wurde«, das heißt, es ist lebensgroß, schrumpelig und weich und irgendwie häßlich. Ausgestattet mit einem Erkennungsschildchen am Handgelenk, einem Schnuller und – jawohl – einer Nabelbinde, wo die Nabelschnur abgetrennt wurde. Es trinkt, wimmert, macht in die Windeln (*es ist selbstverständlich anatomisch korrekt)* und spuckt, wenn man es drückt. Ist in weiblicher, männlicher, schwarzer und weißer Ausführung zu haben. *(Nicht aber in gelber oder roter. Warum nicht?)*

Dieser Trend zur realistischen Puppengestaltung verdient Beifall.

Er legt eine Lösung für das Bevölkerungsproblem nahe.

Warum bei Puppen nicht *ganz* realistisch werden?

Wie wäre es mit einem »Brechbaby«, das ißt und sich gleich darauf erbricht und Durchfall hat und die ganze Nacht schreit?

Oder mit einem »Kranken Baby«, das regelmäßig mit schuppigen roten Flecken bedeckt ist und drei Tage und Nächte lang hustet.

Oder mit dem »Schwierigen Baby«, das »NEIN, NEIN, NEIN, NEIN!« schreit, statt »Mama« zu sagen.

Oder gar mit dem »Peinlichen Baby« – man zieht es auf, und es spielt mit seinem anatomisch korrekten Teil, während man es zu wickeln versucht.

Die vollkommene Babypuppe hätte ALLE diese Eigenschaften und Fähigkeiten. Und ganze Generationen von kleinen Mädchen und Jungen würden vielleicht heranwachsen und es sich gründlich überlegen, ob sie echte Babys haben wollten. Sie würden wissen, was ihnen bevorstünde. So könnten die Puppenfabrikanten eine einflußreiche Kraft im Dienste der Geburtenbeschränkung werden.

Doch warten Sie besser nicht mit angehaltenem Atem auf

diese Entwicklung. Denn die Spielwarenhändlerin gesteht, je lebensechter eine Puppe sei, um so schlechter verkaufe sie sich.

Die Puppe »Neugeborenes Baby«, die ich erwähnte, findet keine Käufer, nicht mal zum halben Preis.

Selbst erstmalige Großväter wollen sie nicht.

Insbesondere erstmalige Großväter.

Nein, die kaufen genau, was Sie erwarten würden: makellose, unwirkliche kleine Ballerina-Schönheiten mit duftigen Kleidern – niedlich, süß und sanft. Und ohne anatomische Details, vielen Dank.

Sie wollen etwas Vollkommenes.

Vollkommen wie ihre Enkelinnen.

»Und was tun Sie?« Die ewig gleiche Frage unter Fremden im Flugzeug. Sie wird auf Elternabenden, auf Konzertempfängen und bei jeder anderen Gelegenheit gestellt, wo man herumsteht und plaudert. Es ist ein höflich verschleierter Versuch, die gesellschaftliche Stellung des anderen zu erkunden. Die bürokratische Version der Frage ist kurz und bündig: das Feld mit der Bezeichnung »Beruf« ausfüllen. Das Finanzamt will es so – und der Polizist, der einem ein Strafmandat verpaßt, und das Paßamt und die Bank. Sage, wofür du bezahlt wirst, und wir wissen, wer du bist und wie mit dir umzugehen ist.

Wenn ich Leute frage, was sie tun, bekomme ich gewöhnlich ein steifes Stück Papier, sechs mal zehneinhalb Zentimeter, auf dem ihre Identität zusammengefaßt ist. Name, Firmenname, Titel, Adresse, eine Reihe Nummern – Telefon, Telex und Telefax. Visitenkarte. Wenn Sie heutzutage keine Visitenkarte haben, sind Sie nicht allzu ernst zu nehmen. Obwohl, manchmal denke ich, es könnte in Wahrheit umgekehrt sein.

Die Karte eines Mitreisenden wies ihn zum Beispiel als Vizepräsident für Systemanalytik bei *Unico* aus. »So, und was *tun* Sie da?« Und er zeigte auf seinen Titel, als hätte ich ihn übersehen. Ich fragte wieder. »Ich meine, wenn ich Ihnen den ganzen Tag folgen würde, was sähe ich Sie tun?« Er redete lange Zeit. Ich weiß immer noch nicht richtig, was er tut. Und bin nicht sicher, daß er es weiß.

Ich meinerseits hatte keine Visitenkarte. Kann mich anscheinend auf diesem kleinen Stück Papier nicht unterbringen. Was ich tue, ist kompliziert und erfordert langwierige Erklärungen, so daß ich der Frage oft ausweiche und etwas Einfaches auswähle, das wahr, aber nicht die ganze Wahrheit ist. Selbst mit dieser Taktik habe ich mich in ausweglose Situationen manövriert.

Frühmorgens auf einem Flug nach San Francisco erzählte ich beispielsweise meiner Sitznachbarin, ich sei Hausmeister; ich dachte, sie würde nicht näher darauf eingehen wollen und mich mein Buch lesen lassen. (Wenn ich bedenke, wie ich mein Leben verbracht habe und wieviel davon für Reinemachen und Aufräumen und Abfallschleppen draufgeht – ich werde nicht dafür bezahlt, aber ich tue es oft.) Sie war jedoch fasziniert. Es erwies sich, daß sie in einer kleinen Zeitung eine Hausfrauenkolumne schrieb, und sie verriet mir auf dem Rest des Fluges freudig ihre Tips für ordentliche Haushaltsführung. Seitdem weiß ich mehr über die Entfernung von Flecken aus Teppichen, als ich je erhofft hatte.

Es erwies sich zudem, daß die Dame der Kirchengemeinde angehörte, wo ich am Sonntag predigen sollte. Das wußte ich nicht, bis ich auf der Kanzel stand und sie in der dritten Reihe sah. Und wie sich ferner erwies, hatte sie die ganze Zeit über gewußt, wer ich war, jedoch genügend Vorstellungskraft besessen, sich zu denken, daß ich vermutlich schon einen Grund dafür hatte, wenn ich als Hausmeister in Flugzeugen herumzugondeln wünschte.

Ein anderes Mal geriet ich auf einem Flug nach Thailand durch Zufall in die erste Klasse und saß neben einem sehr distinguiert wirkenden Sikh. Unmengen teuren Schmucks, erlesene Kleidung, Goldzähne. (Vermutlich ein Basarkaufmann einer hohen Kaste, dachte ich.) Als er mir die Was-tun-Sie-Frage stellte, erwiderte ich auf Anhieb, ich sei Neurochirurg. »*Großartig!*« sagte er erfreut, »ich auch!« Und er war wirklich einer. Ein echter. Es dauerte geraume Zeit, die Lage zu entwirren, und wir hatten auf dem ganzen Flug nach Bangkok ein wunderbares Gespräch; doch zehn Stunden lang war die Versuchung, taubstumm zu sein, für mich sehr groß gewesen.

Nachdem ich so meine Lektion gelernt hatte, erzählte ich, als ich das nächste Mal in einem Flugzeug neben jemandem saß, der einigermaßen verständnisvoll aussah, diese Geschichten und schlug dann vor, ein Spiel zu spielen – einfach so zum Spaß – und Berufe zu erfinden und uns den ganzen Weg bis Chicago dafür auszugeben. Der Bursche war einverstanden. Er gab sich als Spion aus, und ich beschloß, eine Nonne zu sein. Wir hatten einen Heidenspaß – eine der großartigsten Unterhaltungen meines Lebens. Er sagte, er könne es nicht erwarten, bis seine Frau ihn fragen würde: »Na, Liebling, wie war dein Flug?« – »Da war eine Nonne in einem Tweedanzug...«

Und das mittelaltrige Paar aus Green Bay auf den Plätzen hinter uns war überwältigt. Die zwei hatten in verdattertem Schweigen der Nonne und dem Spion gelauscht. Sie hatten *wirklich* etwas zu erzählen, wenn sie gefragt wurden: »Wie war euer Flug?« Als der Mann in der Halle an mir vorüberging, sagte er: »Schönen Tag noch, Schwester.«

Das Ausfüllen von Formularen führt bei mir zuweilen zu ähnlichen Situationen. In meiner Bank schrieb ich einmal auf einem Beleg fürs Finanzamt »Fürst« in das Feld »Beruf«. Ausgerechnet an diesem Morgen hatte meine Frau zu mir gesagt: »Fulghum, manchmal bist du ein richtiger Fürst.« Und das bin ich manchmal. Und weil ich mich fürstlich fühlte, schrieb ich es in das Feld. Der Angestellte wollte es nicht gelten lassen. Und wir hatten eine freundliche Auseinandersetzung, die den Kern dieser Identitätsfrage trifft: Ist das mein Beruf, womit ich Geld verdiene, oder ist es etwas Größeres, Umfassenderes und Reicheres – geht es mehr darum, was ich bin oder wie ich von mir denke?

Seinen Lebensunterhalt verdienen und sein Leben führen, das ist nicht dasselbe. Seinen Lebensunterhalt verdienen und sein Leben so einrichten, daß es sich lohnt, das ist nicht dasselbe. *Das* gute Leben leben und *ein* gutes Leben leben, das ist nicht dasselbe. Ein Berufstitel beantwortet nicht annähernd die Frage: »Was tun Sie?«

Marcel Duchamp, der für die meisten Menschen zum lebenden Inventar der Kunstwelt der vierziger Jahre unseres Jahrhunderts gehört, war von den Auswirkungen der Standardfrage ähnlich frustriert. Er pflegte zu antworten: »Ich bin ein *respirateur*« (Atmer). Er erklärte, er atme mehr als alles andere, und er mache es auch sehr, sehr gut. Danach trauten die Leute sich meistens nicht, ihn zu fragen, was er sonst noch mache.

Ich weiß, ich weiß. Wir können nicht jedesmal, wenn jemand uns um minimale Informationen bittet, eine zweihundertseitige Autobiographie überreichen. Aber angenommen, wir beantworteten die Frage, was wir tun, nicht mit einer Erklärung, wie wir unser Geld verdienen, sondern damit, was uns besonders Freude macht oder uns das Gefühl gibt, der Menschheit einen Dienst zu erweisen?

(Wenn Sie zufällig für das bezahlt werden, was Sie lieben, seien Sie froh, aber bei einer Menge Leute ist das nicht der Fall.)

Verschieben Sie den Maßstab ein wenig und beantworten Sie die Was-tun-Sie-Frage damit, wie Sie einen normalen Vierundzwanzig-Stunden-Tag verbringen. Ich würde vielleicht sagen, ich bin ein *Schlafeur* und ein *Schlummeur* – jemand der schläft, und das sehr gut. Sollte es jemals eine Schlummerolympiade geben, hole ich mir die Goldmedaille. Acht von vierundzwanzig Stunden schlafe ich in meinem Bett, und jeden Nachmittag schlummere ich eine halbe Stunde. Das ist mehr als ein Drittel meines Lebens. Wenn ich fünfundsiebzig Jahre alt werde, werde ich mehr als fünfundzwanzig Jahre schlafend verbracht haben. Keine andere Tätigkeit läßt mich so viel Zeit an einem Ort verbringen. Beim Schlafen bereite ich niemand anderem Schmerzen oder Ärger, und es ist eine ökologisch gesunde Tätigkeit. Wenn ich dafür bezahlt würde, wie gut ich es mache, wäre ich sicher ein schwerreicher Mann. Wir hätten eine bessere Welt, wenn mehr Menschen mehr Schlaf bekämen oder zumindest mehr Zeit im Bett verbrächten. Es gibt Leute, die ich nicht besonders mag, wenn sie wach sind, aber ich habe gar nichts gegen sie, wenn sie schlafen und in ihre Kissen sabbern.

Hätten Sie mir heute die Was-tun-Sie-Frage gestellt, würde ich gesagt haben, ich bin Sänger. Nicht nur, daß ich nicht fürs Singen bezahlt werde, in manchen Fällen erbieten sich meine Freunde, mich zu bezahlen, damit ich *nicht* singe. Dennoch singe ich gern. Unter der Dusche, auf der Fahrt zur Arbeit, bei der Arbeit, auf dem Weg zum Mittagessen und im Duett mit allem, was ich im Radio erkenne. Ich singe. Das ist es, was ich tue. Gott hat meiner Vorliebe nicht das nötige Rüstzeug mitgegeben. Meine Stimme ist, was man höflich »unsicher« nennen könnte. Ich höre die Musik im Kopf, kann aber das Gehörte nicht wiedergeben, obwohl es für mich gut klingt. Bei meinen lebenslangen Bemühungen um Hauptrollen in Musicals wurde mir immer gesagt, ich solle lieber im Chor singen. Und dann wurde ich aus dem Chor ausgeschlossen, weil es zu viele von meiner Sorte gab. Ich war meinen Kindern gerne ein Vater, als sie zu klein waren, um musikalische Ansprüche zu stellen, und kritiklos mit mir sangen. Es machte nichts, daß wir die Texte nicht immer kannten oder die Melodie nicht richtig trafen – wir haben sie uns ausgedacht. Wir Sänger lassen uns von Formalitäten nicht unterkriegen. Sänger sind Leute, die singen. Punkt.

Manchmal, wenn man mir die Was-tun-Sie-Frage stellt, kommt mir in den Sinn zu sagen, ich arbeite für die Regierung. Ich habe einen Regierungsjob, der für die nationale Sicherheit von großer Bedeutung ist. *Ich bin ein Bürger*. Wie die Richter beim Bundesgericht habe ich einen Job, der dem Leben dient, und das Wohl meines Landes hängt von mir ab. Es scheint mir nur gerecht, daß ich für mein Verhalten verantwortlich bin, genau wie ich Verantwortlichkeit von denen erwarte, die sich in ein öffentliches Amt wählen lassen wollen. Ich möchte gerne sagen können, daß ich für meine Taten einstehe und stolz darauf bin.

»Was ich tue« ist buchstäblich »wie ich meine Zeit verbringe.« Bis zum Zeitpunkt, da ich dies schreibe, im Herbst 1988, habe ich, wenn ich richtig gerechnet habe, in meinem Leben fünfunddreißigtausend Stunden mit Essen verbracht, dreißigtausend Stunden im Straßenverkehr, um von hier nach da zu gelangen, zweitausendfünfhundertundacht Stunden mit Zähneputzen, achthundertsiebzigtausend Stunden mit allerlei Kleinkram – Formulare ausfüllen, Flicken, Reparieren, Rechnungen bezahlen, An- und Ausziehen, Zeitunglesen, Versammlungen besuchen, Kranksein und dergleichen. Und zweihundertsiebzehntausend Stunden mit Arbeit. Da bleibt nicht viel übrig, wenn man mit dem Addieren und Subtrahieren fertig ist. Die guten Sachen müssen irgendwo untergebracht werden, andernfalls kommt das Gute zu genau derselben Zeit, wo wir den ganzen anderen Kram machen.

Und deswegen sage ich oft, daß es mir nicht um den Sinn des Lebens geht – das ist eine Nummer zu groß für mich. Wichtig ist mir, daß das Leben einen Sinn *hat* – Tag für Tag, Stunde für Stunde, was immer ich gerade mache. Nicht was ich tue, zählt, sondern wie ich von mir denke, während ich es tue.

Ich habe jetzt wahrhaftig eine Visitenkarte. Mir ist endlich eingefallen, was darauf stehen soll. Ein einziges Wort. »Fulghum.« Und wenn ich sie überreiche, führt es zu guten Gesprächen. So sehr Fulghum sein, wie ich kann, das ist es, was ich tue. Das bedeutet, ich bin Sohn, Vater, Ehemann, Freund, Sänger, Tänzer, Esser, Atmer, Schläfer, Hausmeister, Geschirrspüler, Bader, Schwimmer, Läufer, Geher, Künstler, Schriftsteller, Maler, Lehrer, Prediger, Bürger, Dichter, Ratgeber, Nachbar, Träumer, Wünscher, Lacher, Reisender, Pilger und so weiter und so fort.

Ich und Sie – wir sind unendliche, reiche, große, widersprüchliche, lebendige, atmende Wunder – freie Menschen, Kinder Gottes und des immerwährenden Universums. Das ist es, was wir tun.

John Pierpont starb als Versager. Im Jahre 1866, im Alter von einundachtzig Jahren, verstarb er als Beamter in Washington, D. C., nachdem eine lange Reihe persönlicher Niederlagen seinen Geist verschlissen hatte.

Alles hatte recht vielversprechend begonnen. Er machte an der Yale-Universität, die sein Großvater mitbegründet hatte, Examen und entschied sich begeistert für den Beruf des Lehrers.

Aber als Schulmeister war er ein Versager. Er war zu nachsichtig mit seinen Schülern. Darauf studierte er Juristerei.

Aber als Rechtsanwalt war er ein Versager. Er war zu großzügig zu seinen Klienten und zu sehr um Gerechtigkeit bemüht, um die Fälle anzunehmen, die hohe Honorare brachten. Also entschied er sich für den Beruf eines Textilkaufmanns.

Aber als Geschäftsmann war er ein Versager. Er verlangte nicht genug für seine Waren, um einen Gewinn zu erzielen, und war zu freizügig mit Krediten. Mittlerweile hatte er Gedichte geschrieben, und obwohl sie veröffentlicht wurden, erhielt er nicht genug Tantiemen, um davon leben zu können.

So war er auch als Dichter ein Versager. Deshalb beschloß er, Geistlicher zu werden. Er studierte in Harvard Theologie und wurde zum Pfarrer der Hollis Street Church in Boston berufen. Doch mit seinem Eintreten für die Prohibition und gegen die Sklaverei verdarb er es sich mit den einflußreichen Mitgliedern seiner Gemeinde, und er wurde zum Rücktritt gezwungen.

So war er auch als Pfarrer ein Versager. Die Politik schien ihm ein Gebiet, auf dem er etwas verändern könnte, und er wurde von den Gegnern der Sklaverei zum Kandidaten für den Posten des Gouverneurs von Massachusetts nominiert. Er verlor. Unverzagt kandidierte er für die *Free Soil*-Partei, die sich für die Abschaffung der Sklaverei einsetzte, für den Kongreß. Er verlor.

So war er auch als Politiker ein Versager. Der Bürgerkrieg brach aus, und er meldete sich als Kaplan des 22. Freiwilligenregiments von Massachusetts. Zwei Wochen später quittierte er den Dienst, nachdem er festgestellt hatte, daß die Arbeit seine Gesundheit zu sehr strapazierte. Er war sechsundsiebzig Jahre alt. Nicht einmal als Kaplan war er zu etwas gut.

Jemand verschaffte ihm eine untergeordnete Stelle im Finanzamt von Washington, und er verbrachte die letzten fünf Jahre seines Lebens als kleiner Registrator. Auch das machte er nicht sonderlich gut. Er war nicht mit dem Herzen dabei.

John Pierpont starb als Versager. Er hatte nichts von dem erreicht, was er sich vorgenommen hatte. Auf seinem Grab auf dem Mount Auburn Friedhof in Cambridge, Massachusetts, trägt ein kleiner Gedenkstein aus Granit die Worte: POET, PRIESTER, PHILOSOPH, PHILANTHROP.

Aus heutiger Sicht mag es vielleicht erscheinen, daß er in Wahrheit gar kein Versager war. Sein Einsatz für soziale Gerechtigkeit, sein Bestreben, ein liebevoller Mensch zu sein, sein tatkräftiges Engagement in den großen Auseinandersetzungen seiner Zeit und sein Glaube an die Macht des menschlichen Verstandes – die haben nicht versagt. Und vieles, was er für gescheitert hielt, setzte sich später doch mal durch. Das Schulwesen wurde reformiert, die Rechtsprechung verbessert, die Kreditgesetze wurden geändert, und, vor allem, die Sklaverei wurde ein für allemal abgeschafft.

Warum ich Ihnen das erzähle? Es ist keine außergewöhnliche Geschichte. Viele Reformer des neunzehnten Jahrhunderts hatten ein ähnliches Leben – ähnliche Fehlschläge und Erfolge. In einem sehr wichtigen Sinne war John Pierpont kein Versager. Jedes Jahr im Advent feiern wir seinen Erfolg. Wir tragen sein Andenken ein Leben lang in unserem Herzen und in unserem Gedächtnis.

Es ist ein Lied.

Nicht von Jesus oder den Engeln oder gar vom Nikolaus. Es ist ein schrecklich simples Lied von der simplen Freude, in einem Pferdeschlitten durch die kalte Winternacht zu sausen. Und dabei mit Freunden auf dem ganzen Weg zu lachen und zu singen. Nicht mehr, nicht weniger. *Jingle Bells.* John Pierpont hat *Jingle Bells* geschrieben.

Wer so ein Lied geschrieben hat, ein Lied, das von den simpelsten Freuden handelt, ein Lied, das drei-, vierhundert Millionen Menschen auf der ganzen Welt kennen – ein Lied über etwas, das sie nie getan haben, das sie sich aber vorstellen können –, ein Lied, das jeder von uns, ob groß oder klein, losträllern kann, sobald der Ton auf dem Klavier und in unserem Geiste angeschlagen ist – wer so ein Lied geschrieben hat, der ist kein Versager.

An einem verschneiten Winternachmittag schrieb John Pierpont die Zeilen als kleine Gabe für seine Familie, seine Freunde und seine Gemeinde. Und hinterließ damit ein unvergängliches Weihnachtsgeschenk – eines von der besten Art: nicht irgendein Päckchen unter dem Baum, sondern die unsichtbare, unbesiegbare Gabe der Freude.

(P. S. Im Winter 1987 wurde mir in den Cascade-Bergen im Staate Washington endlich ein langgehegter Wunsch erfüllt. Der Schnee lag einen Meter hoch, die Temperatur betrug minus siebzehn Grad, der Himmel war klar, der Schlitten offen, das Pferd war graugescheckt mit rotem Geschirr und Glocken. Und wir flitzten über den Schnee und lachten auf dem ganzen Weg.

Danke, John Pierpont. Jedes Wort deines Liedes ist wahr.)

WENN SIE EINEN Hund besitzen oder je einen besaßen, dann lesen Sie bitte nicht, ich wiederhole, lesen Sie bitte nicht weiter. Überspringen Sie besser dieses Kapitel. Denn wenn Sie lesen, was jetzt kommt, wird es Sie sicher unglücklich machen. Und Sie werden schlecht von mir denken. Und Sie werden es sowieso nicht begreifen. (Nicht alles in diesem Buch ist für alle bestimmt, also vertrauen Sie mir.)

Wenn Sie jedoch keinen Hund haben und auch keinen wollen, dann müssen wir uns unterhalten. Ich spreche hier für eine stumme Minderheit, deren Meinung nie in den Medien erscheint. Sie wird zensiert, aus Furcht, die Hundewelt zu beleidigen.

Ich habe keine Haustiere. Kein einziges. Weder Hund noch Katze noch Vogel noch Fisch. Trotzdem bin ich ein leidlich verantwortungsvoller Bürger; ich weiß mich in der Öffentlichkeit zu benehmen, zahle meine Steuern, gehe manchmal zur Kirche und bin zu Kindern und alten Leuten gleichermaßen nett. Ich liebe die Meinen, und sie lieben mich. Aber Haustiere sind nicht mein Fall. Und Hunde kann ich schon gar nicht leiden.

Das habe ich einmal auf einer großen Abendgesellschaft gesagt. Ich erklärte, ich könne Hunde nicht leiden. Sagte es wohl etwas lauter, als beabsichtigt, aber ich war eigentlich nicht auf Ärger aus. Ich weiß, was bei diesem Thema auf dem Spiel steht.

Die plötzliche Stille ließ mich aufhorchen. Ich hätte nicht mehr Aufmerksamkeit auf mich lenken können, wenn ich mich auf einen Stuhl gestellt und *»Ich habe Tollwut«* geschrien hätte. Einige der Anwesenden machen noch heute einen großen Bogen um mich.

Nun, man muß keinen Hund haben, um ein guter Mensch zu sein. In der Bibel steht nicht »Du sollst dir Hunde halten, um vor meinen Augen Gnade zu finden.« Die Heilige Schrift hat zu Haustieren eigentlich nicht viel zu sagen. Hunde sind auch nicht in der amerikanischen Unabhängigkeitserklärung, der Verfassung oder dem Amtseid erwähnt. Man kann ohne Hund in den Himmel kommen und in ein öffentliches Amt gewählt werden.

(Vielleicht aber nicht zum Präsidenten. Ist Ihnen aufgefallen, daß alle Präsidenten Hunde haben? Es gibt stets einen First Dog, einen Ersten Hund. Oder zwei oder drei. Man muß einen Hund haben, um Präsident zu sein, vermute ich. Ich liebe Lyndon B. Johnson immer noch dafür, daß er seine Beagles an den Ohren packte und herumschwenkte, während die Köter bellten. »Das haben sie gern – es gefällt ihnen«, sagte Lyndon. Ich glaube, er gründete seine Asienpolitik auf dieselben Prämissen, aber das ist ein heikles Thema, und ich schweife ab.)

Was ich gegen Hunde habe? Ich will es erklären.

Erstens habe ich aus unerfindlichen Gründen so etwas wie einen angeborenen »Haustiermagnetismus«. Obwohl ich Hunde nicht mag, werden sie mit Macht von mir angezogen. Die großen, häßlichen, knurrenden, bissigen haben eine ausgesprochene Schwäche für mich. Das kann ich verkraften. Aber alle anderen spüren mich ebenfalls auf. Die wackelnden, schwanzwedelnden, sabbernden haben es auf meine Hände und mein Gesicht abgesehen, und sie lecken und schlabbern und hecheln. Ich kümmere mich nicht um sie, aber sie springen an mir hoch und betatschen mich mit den Pfoten und knurren immerzu. Unaufgefordert. Ich schwöre es. Ich bitte nicht darum. Und ich schlecke sie auch nicht umgekehrt ab.

Dann ist da noch die Sache mit den Hundehäufchen. Ich möchte die Einzelheiten weglassen, ich sage nur, anscheinend besitze ich auch auf diesem Gebiet eine Art Magnetismus. Es passiert so oft, daß ich am liebsten mit Pampers an den Schuhen herumliefe. Einmal habe ich eine respektable Tüte voll Hinterlassenschaften eines Nachbarhundes bei mir auf dem Rasen eingesammelt und dann sorgfältig auf der Veranda des Nachbarn ausgestreut. Und er latschte in Hausschuhen hinein, als er die Morgenzeitung holen ging. Er war nicht sicher, daß ich dahintersteckte, aber seitdem hat er wenigstens seinen Köter von meinem Grundstück ferngehalten.

Doch genug von dem Thema. Wenn Sie mit mir fühlen, brauche ich nicht fortzufahren, und wenn nicht – dann würden weitere Klagen vermutlich auch nichts nützen.

Ich will auch gar nicht viel Worte darüber verlieren, wie die Leute mit Hunden sprechen. Ich finde das peinlich. Ehrlich. Ich frage mich, was die Hunde wohl denken. Vor allem, wenn die Leute dieses bauchrednerische Kunststück vollbringen, dem Hund etwas zu sagen und dann mit einer anderen Stimme für den Hund zu antworten. Sie wissen, was ich meine. Sie haben es sicher auch schon gehört. Selbst Hunde finden es absurd. Beobachten Sie mal einen Hund, wenn ein Mensch so mit ihm spricht. Der Hund kann gar nicht glauben, was er hört. »Will Hundilein Säuferchen machen? – Nein, Hundilein will Gassi gehen.«

Wissen Sie, daß wir allein in diesem Land jährlich ein paar Millionen Dollar für Hundefutter ausgeben? Ungefähr doppelt soviel wie für Babynahrung. Hundefutter macht etwa elf Prozent des Umsatzes in den Lebensmittelabteilungen der Supermärkte aus. Die durchschnittliche Supermarktkette hält auf mehr als dreißig Metern Regalraum Hundefutter und Hundebedarf bereit. Hundeburger und Hundecracker und Huhn à la Hund und Leckereien für Welpen und was sonst noch alles. Sehen Sie sich das bei Gelegenheit mal an. Insgesamt siebeneinhalb Milliarden Pfund Haustierfutter sind das pro Jahr. Und vierzig Prozent aller Hunde haben bedenkliches Übergewicht. Ein Tierarzt, den ich kenne, hat mir das erzählt.

Zählen Sie einmal die Kosten für Tiere, Züchter, tierärztliche Behandlung, Medikamente und Vitamine für Hunde zusammen. Addieren Sie die Kosten für Zubehör – Halsbänder, Näpfe, straßbesetzte Leinen, Pullover und Hundeparfüm *(ja, Parfüm)*. Dazu die Kosten für Hundefriseure, Hunde-Ausführer, Kotschaufeln und Hundefotografien. Zählen Sie alles zusammen, und Sie werden sehen: Die Amerikaner geben jährlich sieben Milliarden Dollar für Hunde aus.

Sieben Milliarden Dollar.

Neunzig Prozent der Hunde bei uns essen und leben besser als fünfundsiebzig Prozent der Bevölkerung dieser Welt.

Und die meisten amerikanischen Hunde wohnen und essen besser als dreiundzwanzig Prozent der Kinder in unserem Land. So viele leben nämlich unter der offiziellen Armutsgrenze.

Warum ist das so? Warum haben wir die vielen Hunde und behandeln sie so gut? Weil wir uns gegenseitig voreinander schützen müssen? Weil wir Liebe brauchen, die

Menschen sich nicht geben können? Weil wir im Grunde unseres Herzens gelangweilte oder einsame oder sentimentale Jäger und Sammler sind, oder was? Mein Nachbar, der zwei Hunde hat, hört sich meine Tiraden geduldig an und sagt mir, ich verstünde eben nichts davon. Vermutlich hat er recht.

Das beste Gefühl, das ich jemals gegenüber Hunden hatte, befiel mich in einem primitiven Akah-Dorf in den Bergen im Norden von Thailand. Die Akah halten Hunde, wie wir Schweine und Hühner halten. Sie behandeln ihr Vieh als nützliche Arbeitsgefährten, geben den Tieren Namen und würden niemals auf die Idee kommen, eins zu essen. Aber sie essen Hunde. Sie sind keine Haustiere – Hunde sind schlicht und einfach Nahrungsmittel.

Es gibt also auch andere Arten, Hunde zu betrachten.

JUNGER MANN, DIESER Baum ist besetzt.« Eine Stimme irgendwo über mir. Ich bin bestürzt. Nicht nur, weil ich als junger Mann bezeichnet werde, sondern auch, weil der Baum, auf den ich klettern wollte, sich als bereits besetzt erweist.

Gehorsam kehrte ich auf die Erde zurück und blickte durch die Zweige hinauf. Tatsächlich, da oben war eine alte Dame. Weit oben in dieser hohen Ulme. Weiße Haare, mit einem dunkelgelben Tuch zusammengebunden, bekleidet mit Bluejeans, Turnschuhen und Lederhandschuhen. Ein älterer Baumgeist hatte sich droben in einer breiten Astgabel niedergelassen. Und sie machte keine Anstalten herunterzukommen. »Suchen Sie sich einen eigenen Baum«, sagte sie freundlich, aber bestimmt. »Ja, Ma'am.«

Ich ging hinüber zu einem Parkarbeiter, der gerade Sträucher beschnitt, aber ehe ich fragen konnte, antwortete er schon: »Ja, ich weiß, auf dem Baum da drüben sitzt eine alte Dame.« Sie sei etwa fünfundsechzig, fuhr er fort, Rentnerin und lebe in einer Wohnung auf der Federal Avenue. Immer wenn es Frühling und Sommer werde, ziehe es sie zu den Bäumen im Park. Vielleicht müsse sie eines Tages von der Feuerwehr von ihrem Sitz geklaubt werden, meinte der Arbeiter, doch vorerst scheine sie zu wissen, was sie tue, und sie belästige ja auch niemanden damit. Die Dame klettere einfach gerne auf Bäume.

Das kann ich gut verstehen.

So gut, daß ich gleich zahlendes Mitglied wurde, als ich diesen Monat von dem Internationalen Club der Baumkletterer in Atlanta, Georgia, erfuhr. Ich trat unter anderem deswegen ein, weil sie dort über eine umfangreiche Sicherheitsausrüstung verfügen und einem eine Menge Kniffe beibringen. Die kann ich gut gebrauchen.

Ich bin nämlich neulich von einem Baum gefallen. Als ich durch die Äste hinunterkrachte, habe ich mir ein großes Stück Haut an den Ellbogen abgeschürft und bin mit dem Kopf aufgeschlagen. Der Arzt nannte es Gehirnerschütterung. Dazu kam eine ziemliche Ego-Erschütterung.

»Was haben Sie auf dem Baum gemacht?« Das hat der Arzt gefragt. »Ihn beschnitten?«

(Lange Pause. Das werden mich alle fragen. Wenn ich die Wahrheit sage, verstehen sie es nicht. Wenn ich mir etwas ausdenke, verstehe ich es nicht.)

»Hmm«, lautete meine Antwort.

Auf Bäume klettern ist mein Hobby, das ist alles.

Aber ich weiß nicht recht, warum. Ich tue es einfach, ohne je viel darüber nachgedacht zu haben. Muß wohl etwas Urtümliches sein – etwas, das jahrtausendealte Sehnsüchte in mir befriedigt. Unsere Vorfahren verbrachten Äonen auf Bäumen. Deshalb fühlt man sich in der bequemen Astgabel einer alten Ulme wie zu Hause. Es ist unser rechtmäßiger, angestammter Platz.

Das gilt auch für Baumhäuser. Sie sind genauso berechtigt. All die wackeligen Bretternester, die Kinder hoch auf den Bäumen festschnüren und -nageln, wo ihre Eltern nicht hinkommen, außer in ihren geheimen Wünschen. Ich würde in einem Baumhaus wohnen, wenn ich könnte.

Heutzutage fällte es mir etwas schwerer, auf Bäume zu

klettern. Männer mittleren Alters haben weder die Kraft noch gesellschaftlich anerkannte Gründe. Zum Beschneiden, ja. Das ist respektable Arbeit. Um eine Katze oder einen Drachen herunterzuholen, ja. Ebenfalls respektabel. Aber zum Spielen ... oder einfach, weil es so ein herrliches Gefühl ist ... na ja ...

Aber oben auf einem Baum zu sein lohnt all die Mühe. Von einem Baum fallen, das ist es, wobei man den kürzeren zieht. Vor allem, wenn man eine Gehirnerschütterung davonträgt. Als ich landete, sah ich eine Zeitlang doppelt, das war interessant. Dann habe ich mich übergeben, das ist überhaupt nicht interessant. Man nehme den schlimmsten Kater, den man je hatte, und stelle ihn sich doppelt so schwer vor – das ist eine Gehirnerschütterung.

Der Arzt sagte, ich solle ein paar Tage kürzertreten, was ich in Ordnung finde – das versuche ich ohnehin die ganze Zeit.

Und er sagte, ich solle die Hände von Bäumen lassen, was wieder einmal zeigt, wieviel die Ärzte davon verstehen, was für unsere geistige Gesundheit wichtig ist.

Eigentlich ist das Fallen ja gar nicht so schlimm. Es ist ein bißchen wie fliegen, nur muß man dabei nicht mit den Armen flattern.

Das Aufschlagen auf der Erde ist das Unangenehme daran.

Deshalb hätte der Arzt sagen sollen: »Versuchen Sie, nicht auf die Erde zu knallen.« Das könnte ich akzeptieren.

Das Problem ist die Schwerkraft. Der Grund, weswegen man auf die Erde knallt, ist die Schwerkraft. Ich weiß, daß Sie das wissen, aber ich erwähne es, weil es gute Nachrichten bezüglich der Schwerkraft gibt. Sie läßt nach.

Der Mond entfernt sich jährlich um fünf Zentimeter von der Erde, weil die Schwerkraft abnimmt. Das bedeutet, daß Sie jedes Jahr um etwa einen Kartoffelchip weniger wiegen als im Vorjahr. Und das wiederum bedeutet, je älter Sie werden, desto sanfter treffen Sie auf der Erde auf. Heute in fünfhundert Milliarden Jahren könnten Sie von einem hohen Baum fallen und überhaupt nicht auf der Erde auftreffen. Sie würden schweben und fliegen. Na, das *ist* doch etwas, worauf man sich freuen kann. Es ist tröstlich zu wissen, daß Hoffnung für die Zukunft besteht. Wenigstens an einigen Fronten wenden sich die Dinge zum Besseren. Ich dachte, das würde Sie interessieren.

Jedenfalls war ich heute wieder auf einem Baum. Den Teufel mit dem Beelzebub austreiben. Und ich wünschte, mehr Menschen würden mehr Zeit auf Bäumen verbringen, zu den alten Stätten des Wohlbefindens zurückkehren. Und ich habe nachgedacht. Buddha hat lange Zeit vor einem Baum gesessen, und es kamen ihm ziemlich gute Gedanken. Ich frage mich, worauf er erst gekommen wäre, wenn er tatsächlich hinaufgeklettert wäre und sich in die Äste gesetzt hätte?...

Wenn wir Menschen mehr Zeit auf Bäumen verbrächten, könnten wir der Schwerkraft vielleicht auch in dem Sinne entgehen, daß wir im Alter weniger *schwer*mütig und *schwer*fällig wären und daß es uns leichter ums Herz würde. Stellen Sie sich vor, Sie und ich und noch viele andere mehr an einem sonnigen Aprilnachmittag hoch oben auf allen Bäumen im Park. Wir denken nach. Winken uns gegenseitig zu. Und schaukeln.

Wollen Sie eintreten? Internationaler Club der Baumkletterer, Postfach 5588, Atlanta, Georgia 30307, USA.

Der Lehrer schweigt. Er denkt: Es darf nicht wahr sein, daß ich es tue. Er zieht Gummihandschuhe an, greift in eine weiße Plastiktüte und holt ein menschliches Gehirn heraus. Ein echtes menschliches Gehirn.

Die Schüler schweigen. Sie denken: Es darf nicht wahr sein, daß er es wirklich tut.

Die Schüler denken jeder für sich: Wenn er es mir in die Hand gibt, *sterbe ich!*

Selbstverständlich reicht er es herum. Keiner stirbt.

Als das Gehirn wieder bei ihm ankommt, wirft der Lehrer es über den Tisch dem gummibehandschuhten Stürmer der Footballmannschaft zu, und der wirft es seinem gummibehandschuhten Verteidiger zu. Gelächter, als der Verteidiger das Gehirn auf den Tisch fallen läßt. Das Gehirn hüpft auf und ab.

Zur Erklärung: Zu Beginn dieses Zeichenkurses hatte ich von den Erkenntnissen der Gehirnforschung über den künstlerischen Prozeß berichtet und meinen Vortrag mit Bildern, Diagrammen und anatomischen Schaubildern erläutert. Wir hatten eine Melone herumgeworfen, um ein Gefühl für die Größe eines Gehirns zu bekommen, aber irgendwie blieben Gehirne etwas abstrakt. Die Schüler hatten diesen leeren Gesichtsausdruck bekommen, der besagte, jetzt wurde es langsam f-a-d-e.

In diesem Augenblick von Schullangeweile sagte ein

Mädchen: »Ich könnte ein menschliches Gehirn mit in die Schule bringen, wenn Sie wollen – mein Vater hat jede Menge davon.« Sofort war die Klasse wieder hellwach. *»Sie tut was?«*

Ihr Daddy, erklärte sie, forsche auf dem Gebiet der Neurochirurgie an der medizinischen Fakultät und habe massenhaft Gläser mit Gehirnen in seinem Labor, und er würde uns sicher gerne auch ein echtes Gehirn sehen lassen. Na schön, damit würde ich fertig werden. »Bringt ein Gehirn mit in die Schule!« rief ich den Schülern beim Hinausgehen zu. *»Alle!«*

Und tatsächlich, eine Woche später kam das Mädchen, auf immer Königin im »Schaut mal, was ich hier habe...«, mit einem Gehirn in einer Tüte an.

»Na, Mr. Fulghum, was denken Sie?«

Wenn das Wort »ratlos« jemals angebracht war, dann jetzt. Ich war total perplex, wie die Schüler so was gerne nannten.

»Ich habe so ein Dings zwischen den Ohren«, sagte ich. »Es besteht im Moment ganz aus rohem Fleisch. Es wird angetrieben von dem Mortadellabrot, den Kartoffelchips und dem Kakao von gestern. Und alles, was ich im Moment tue – alles, was ich jemals tat oder tun werde –, geht durch diesen Klumpen. Ich habe es aufgepäppelt, es ist meins. Und es ist das Geheimnisvollste auf Erden.«

(Das Gehirn in meiner Hand war allerdings nicht roh – es war in Formalin konserviert. Und es war durchaus nicht abstoßend oder eklig. Von hellbeiger Farbe, ein wenig feucht, weich und gummiartig, wie Lehm. Und fast genau von der Größe der Melone, die wir herumgereicht hatten – bloß wog es ungefähr drei Pfund.)

»Die mechanischen Funktionen des Gehirns kann ich vielleicht einigermaßen nachvollziehen – Atmung anregen, Blut bewegen, Proteintransport dirigieren. Lauter Chemie und Elektrizität. Ein Motor. Mit Motoren kenne ich mich aus.

Aber dieser dreipfündige Motor aus rohem Fleisch enthält auch alle Limericks, die ich kenne, ein Rezept für Truthahnbraten, den erinnerten Geruch meines Schulspindes, alle meine Kümmernisse, die Fähigkeit, einen Transporter mit Zwischengas zu schalten, das Gesicht meiner Frau, als sie jung war, Formeln wie $e = mc^2$ und $a^2 + b^2 = c^2$, den Prolog zu Chaucers *Canterbury Erzählungen*, den ersten Schrei meines erstgeborenen Sohnes, das Heilmittel für Schluckauf, den Text des Kampfliedes vom St. Olaf's College, die Träume von fünfzig Jahren, das Wissen, wie ich meine Schuhe zubinden muß, den Geschmack von Lebertran, van Goghs ›Sonnenblumen‹ und das Verstehen von Deweys Dezimalsystem. Das ist alles in dem Stück *Fleisch*.

Ein Kubikzentimeter Gehirn enthält zehn Milliarden Bits Informationen und verarbeitet fünftausend Bits pro Sekunde. Und es hat sich im Laufe von vielen Millionen Jahren aus einer Kugel flüssigen Gesteins, der Erde, entwickelt, die ihrerseits eines Tages in die Sonne stürzen und nicht mehr sein wird.

So sehe ich das.«

»Unglaublich!« kommt es im Chor von den Schülern. Der Lehrer ist aus dem Schneider – er hat sie gepackt.

Wieder geht das Gehirn von Hand zu Hand, langsam und feierlich. Wieder ist es ganz still. Das Geheimnis aller Geheimnisse ist gegenwärtig und schließt uns mit ein.

Die gewaltigste Aussage, die die Gehirnforschung in den letzten fünfundzwanzig Jahren hervorgebracht hat, ist übrigens folgende Erkenntnis:

Wir sind innerhalb unserer Köpfe so verschieden, wie wir außerhalb unserer Köpfe zu sein scheinen.

Schauen Sie sich um, und sehen Sie die unendliche Vielfalt menschlicher Köpfe – Haut, Haare, Alter, Rassenmerkmale, Größe, Farbe und Form. Und Sie wissen, daß im Innern die Unterschiede noch größer sind – was wir wissen, wie wir lernen, wie wir Informationen verarbeiten, an was wir uns erinnern und was wir vergessen, unsere Strategien, in dieser Welt zurechtzukommen und schmerzvolle Erfahrungen zu bewältigen. Machen Sie sich zudem bewußt, daß die »Welt« da »draußen« ebenso sehr eine *Projektion* ist, und bald schon packt Sie die Erkenntnis, daß es ein Wunder ist, daß wir uns überhaupt verständigen. Es ist nahezu unglaublich, daß wir es mit ein und derselben Realität zu tun haben. Wir operieren bestenfalls mit einer Art lockerem Konsensus über die Existenz an sich.

Praktisch gesehen macht mich diese Einsicht Tag für Tag ein wenig geduldiger mit meinen Mitmenschen. Ich bin weniger geneigt zu protestieren: »Warum siehst du das nicht so wie ich?« Eher sage ich schon: »*So* siehst du das? Heiliger Strohsack! Höchst erstaunlich!«

Dabei fällt mir Einsteins Gehirn ein, das jetzt irgendwo in Missouri in einem Laborglas ist. Man hat es entnommen und untersucht, um zu sehen, ob etwas Besonderes daran sei. *(Nein, da war nichts. Nicht Einsteins Rüstzeug, sondern was er damit machte, hat das Geheimnis der Geheimnisse gelüftet.)* Als der große Albert sich am *Institute for Advanced Studies* in Princeton aufhielt, bat ein Gast Einstein, ihm sein Laboratorium zu zeigen. Der große Mann lächelte, nahm seinen Füllfederhalter hoch und deutete damit auf seinen Kopf. *(Unglaublich!)*

Wissen Sie, was *Geek*-Tanz ist? Im amerikanischen Slang-Wörterbuch bezeichnet das Wort *geek* jemanden, der auf Volksfesten verrückte Sachen macht, zum Beispiel einem lebenden Huhn den Kopf abbeißt. Im allgemeinen Sprachgebrauch ist ein *Geek* jemand, der so aussieht, als ob er zu solchen Taten imstande wäre. Ein Mensch, der gerne Zuschauer hat. Ich höre, junge Leute gebrauchen den Ausdruck gerne für jemanden, der älter ist und ein unabhängiges Leben führt. Das Wort enthält eine Art Kompliment. Es bedeutet, man ist etwas seltsam, aber interessant.

Ich vermute, es stimmt. Viele von uns älteren Typen sind ein bißchen verrückt. Irgendwann drückt dein genetischer Code auf einen Schalter in deinem Kopf. Du siehst in deinen Kleiderschrank, um dir für heute etwas zum Anziehen herauszusuchen, und sagst dir, wen kümmert's? Irgendwann um die Sechzig kommst du an einen Punkt, wo du beschließt, dich einfach gehenzulassen. Auf dem Weg zum Lebensmittelgeschäft bemerkst du, daß du noch Pantoffel anhast, und kehrst nicht um, um Schuhe anzuziehen. Zum Teufel, was soll's. Oder du gehst im Bademantel zum Briefkasten – in deinem ältesten, schäbigsten, bequemsten Bademantel – und scherst dich keinen Deut darum, wer dich sieht. Oder wenn jemand an der Haustür klingelt, prüfst du nicht erst im Spiegel, wie du aussiehst. Du öffnest einfach die Türe. Es ist deren Problem, wer immer es ist. Du machst dir nichts mehr aus deinem Äußeren. Na und? Du machst nicht mehr jeden Tag dein Bett. Na und? Mit deinem Leben geht es dir mehr und mehr wie mit deinem alten Auto – solange es läuft und dich ans Ziel bringt, wen kümmert's, wie es aussieht? Manche Leute nennen das herunterkommen. Andere nennen es den Beginn der Weisheit. Such dir's aus.

Aber ich wollte vom *Geek*-Tanz erzählen.

Wenn ich niedergeschlagen bin und mein Leben an einen toten Punkt gelangt ist und ich etwas brauche, was mich aufmöbelt, gehe ich dahin, wo getanzt wird. Ich meine nicht diese Treffpunkte, wo die Leute sich besaufen und dann zur Musik auf der Tanzfläche schwanken. Ich meine Lokale, wo Leute hingehen, die wirklich gerne tanzen. Ich mag Tänzer. Nie bin ich einem ernsthaften Tänzer begegnet, der nicht ein wirklich prima Mensch gewesen wäre. Und ich genieße das nicht endende Vergnügen des Staunens, was für Leute alles Tänzer sind. Es tut mir gut, ein unansehnliches Paar – dick, reizlos, ernst und was sonst noch alles – auf die Tanzfläche gehen und wie die Engel tanzen zu sehen. Wenn ich solchen Menschen auf der Straße begegne und schon die Nase über sie rümpfen will, sagt etwas in meinem Kopf: »Vermutlich Tänzer«, und gleich habe ich eine bessere Meinung von ihnen. Und von mir.

Aber jetzt zum *Geek*-Tanz.

In meinem Lieblingslokal, der *Owl Tavern*, gibt es sonntagabends von halb sieben bis halb zehn traditionellen Jazz. Die *Geek*-Band spielt Swing aus der guten alten Zeit. Die meisten Leute dort sind über vierzig, Arbeiter, die bloß ein Bier trinken und montags um halb acht wieder bei der Arbeit sein müssen. Nicht, was man einen rabaukenhaften Haufen nennen würde. Man würde sie Tänzer nennen.

Ich liebe es, mich umzuschauen und den *Geek*könig des Abends auszumachen. Ein alter Knabe in unsichtbaren Pantoffeln und Bademantel. Beginnende Glatze, weißhaarig, klein, runzlig. So einen, der beim Gehen Schlagseite hat. Einer, den man eindeutig einem Pflegeheim zuordnet, wenn man ihn an einer Bushaltestelle sieht. Aber du siehst ihn hier. Und du weißt Bescheid. Ein Tänzer. Ein tanzender *Geek*.

Und meistens hat er seine *Geek*-Dame dabei. Etwas junger, immer ein bißchen zum Tanzen aufgedonnert, und das seit fünfzig Jahren. Betrachte ihre Schuhe. Wenn sie schwarz sind, mit halbhohen Absätzen und einem Riemchen überm Rist, kannst du darauf wetten, wozu sie hergekommen ist und was sie tun wird.

Die Musik setzt ein, er nimmt sie an der Hand und humpelt auf die Tanzfläche. Dieses Ritual dient nur dazu, sich in Positur zu stellen. Und dann geschieht es. Sie schmiegt sich in den Fluß seiner Umarmung, die Jahre fallen ab, und wieder bewegen sich Aschenputtel und der Prinz zur Musik im Raum und zur Musik in ihren Herzen. Es dauert vierzig Jahre, um so mit einem Partner zu tanzen. Mit solcher Leichtigkeit, solcher Anmut, allen möglichen kleinen Schritten, die ohne Worte vervollkommnet wurden. Er tanzt plattfüßig und mit sparsamen Bewegungen. Sie reagiert auf unsichtbare Anleitungen und wirbelt von ihm weg und rundherum und wieder zurück. Ihre Blicke treffen sich von Zeit zu Zeit, und du weißt, da auf der Tanzfläche siehst du eine glückliche Ehe. Man muß sich eine lange Zeit lieben, um so zu sein wie sie.

Manchmal fordert der alte *Geek* eine andere Dame auf. Und meistens fordert jemand die *Geek*-Dame auf. Mit wem auch immer sie tanzen, sie bewirken, daß ihre Partner gut aussehen. Und sich auch gut fühlen, möchte ich wetten. Einmal hat mich an so einem Abend eine einundachtzigjährige *Geek*-Dame aufgefordert. Ich gab mein Bestes, und sie blieb die ganze Zeit mit mir zusammen. »Du bist wirklich gut, Schatz«, sagte sie, als ich sie zurück auf ihren Platz geleitete. Ich habe eine Woche lang von dem Kompliment gelebt.

Ich möchte unbedingt ein alter *Geek*-Tänzer werden. Und meine *Geek*dame und ich, wir arbeiten beständig an unserem tänzerischen Können. Ich bin mir bewußt, daß ich in dieser Beziehung eine soziale Verantwortung trage: allen zu helfen, jung zu bleiben, solange sie können. Ein gutes Beispiel zu geben. Und ich möchte nicht still in meinem Bett sterben, sondern mich nach dem letzten Tanz an einem reizenden Abend auf einen Stuhl setzen und lächelnd entschlafen.

Dies alles erinnert mich an die Hopi-Indianer. Für sie besteht kein großer Unterschied zwischen beten und tanzen – beides ist notwendig für ein langes Leben. Die Hopi müssen es wissen, denke ich, da sie so viel durchgemacht haben und trotzdem noch existieren. Sie sagen, ein nützlicher Hopi ist einer, der ein friedliches Herz hat und an allen Tänzen teilnimmt. Stimmt.

UNSERE KIRCHE HATTE seit Jahren kein Krippenspiel mehr mit allem Drum und Dran aufgeführt. Erstens waren wir Weihnachten gegenüber ziemlich nüchtern und routiniert geworden und hatten es den Sonntagsschülern überlassen, das Fest nach eigenem Ermessen und auf Sparflamme zu begehen. Und dann war da auch die Erinnerung an das letzte Mal, als wir uns solche Mühe gegeben hatten. In der Woche, in der das Krippenspiel aufgeführt werden sollte, brachen gleichzeitig Masern, Windpocken und die asiatische Grippe aus. Am Abend des Krippenspiels herrschte ein stürmischer Schneeregen; mancherorts war der Strom ausgefallen, so daß bei manchen Leuten die Uhren stehengeblieben waren, und ein für die Aufführung entliehenes Schaf bekam Durchfall. Da war es fast schon normal, daß Josef und zwei der Heiligen Dreikönige sich während der Aufführung übergaben und mehrere kleine Engel es zustandebrachten, gleichzeitig zu weinen und sich in die Hose zu machen. Obendrein erzeugte der Teenagerchor, der unverantwortlich mit brennenden Kerzen umherwandelte, eher ein Gefühl der Angst vor einem Brand und vor dem Zorn Gottes als ein Gefühl von Frieden auf Erden. Ich glaube, in Wirklichkeit war es gar nicht so schlimm, und vielleicht ist nicht alles in ein und demselben Jahr passiert, aber eine erkleckliche Anzahl älterer Kirchendamen hatte die Nase voll von dem ganzen Spektakel, und sie blockten jeden Vorschlag zu einem neuen Krippenspiel ab. Es war, wie wenn die Cholera wieder unter uns gewütet hätte und niemand das noch einmal durchmachen wollte.

Doch die Macht der Nostalgie ist groß, und sie verwirrte die Köpfe eben jener älteren Damen, als sie über Bitten jüngerer Mütter zu beraten hatten, die diese rituelle Marter nie erlebt hatten und sich durch nichts davon abbringen lassen wollten. Es war an der Zeit, daß ihre Kinder ihre Chance bekamen.

Und binnen kurzem begaben sich lauter Leute, die es eigentlich hätten wissen sollen und auch besser wußten, daran, aus alten Bettüchern, Pappe und Hühnerfedern Engelskostüme anzufertigen. Für die Heiligen Dreikönige ließen sich nicht die richtigen Morgenröcke auftreiben, deshalb gingen einige Väter neue kaufen und fuhren mit einem Lieferwagen darüber, um sie ein wenig älter zu machen. Und einer jungen Mutter, die schwanger war, machte man liebevoll klar, daß von ihr erwartet wurde, Anfang Dezember mit einem echten neugeborenen Kind aufzuwarten. Sie gelobte, sich anzustrengen.

Ein Engelchor wurde gesanglich auf Vordermann gebracht. Eine echte Krippe mit richtigem Stroh wurde angeschafft. Und während Einmütigkeit herrschte, daß man diesmal auf echte Schafe verzichten sollte, gelang es einer rührigen Seele, für den Abend zwei kleine Ziegen zu borgen. Der eigentliche Knüller aber war ein geliehener Esel, auf dem Mutter Maria Einzug halten sollte. Keiner von uns hatte je zuvor gesehen, daß ein leibhaftiger Esel durch einen Altarraum geritten wurde, und es schien damals eine prima Sache.

Wir machten ein Zugeständnis an die Vernunft und beschlossen, das Ganze am Sonntagmorgen bei vollem Tageslicht stattfinden zu lassen, damit wir alles überblikken konnten und kein Chorengel Angst vor der Dunkelheit bekam und weinte oder sich in die Hose machte. Auch keine Kerzen. Und keine Generalprobe. Bei solchen Aufführungen wird ohnehin mit einem gewissen Dilettantismus gerechnet, und keiner hatte Lust, das Ganze zweimal über sich ergehen zu lassen.

Der große Tag kam, und alle fanden sich in der Kirche ein. Selbst Ehemänner, die sich sonst nicht durch regelmäßiges Erscheinen hervortaten, kamen – vermutlich aus demselben Grund, der sie zu einem Autobusunglück in der Nähe hingezogen hätte.

Es war gar nicht so schlimm, wirklich nicht. Zumindest nicht von Anfang an. Die Ziegen rissen sich auf dem Parkplatz los und veranstalteten mit den Hirten ein regelrechtes Rodeo. Aber wir schmetterten die Weihnachtslieder mit voller Stimme, und der Engelschor schaffte seine erste große Nummer fast in der richtigen Tonart und im Takt. Der Stern von Bethlehem erstrahlte über der Krippe, und es wurde Zeit für den Einzug von Maria und Josef, Maria auf dem Lastesel, im Arm etwas, das sich später als Strohpuppe erwies (da die Schwangere überfällig war). Der Esel war es, der uns ins Verderben führte.

Der Esel machte zwei zögernde Schritte durch die Türe zum Altarraum, warf einen Blick auf die Szenerie und bockte. Die Beine stocksteif, versetzte er seinen ganzen Körper in einen krampfartigen Zustand, der Totenstarre bei weitem übertraf, und der Zug kam ruckartig zum Stehen. Nun, es gibt Dinge, die man im Privaten erwägen würde, um einen Esel in Bewegung zu bringen, aber es gibt eine Grenze für das, was man an einem Sonntagmorgen in der Kirche in Gegenwart von Frauen und Kindern anstellen kann. Das Gezerre an seinem Halfter und ein paar böse Tritte der Jungfrau Maria zeigten keine Wirkung.

Da erhob sich der Kuratoriumsvorsitzende, der in seinem besten Sonntagsstaat in der ersten Reihe saß, und kam uns zur Hilfe.

Der Fußboden des Altarraums bestand aus poliertem Zement. Und während vorne jemand am Halfter zerrte, duckte sich der Kuratoriumsvorsitzende ans Steißende des Esels und schob an – und langsam glitt das störrische Biest über den Boden, Zentimeter für Zentimeter. Während solchermaßen Fortschritte erzielt wurden, stellte der Chorleiter den Kassettenrekorder an, der plärrend eine gewaltige Hymne des *Mormon Tavernacle*-Chors, begleitet vom Philadelphia Symphonieorchester, von sich gab.

Gerade als der Esel und seine Mobilmacher in der Kirchenmitte anlangten, gab es einen Kurzschluß im Kassettenrekorder, und plötzlich war es still. Und in diese Stille drang von der Hinterseite des Esels eine wütende Stimme: »*Beweg deinen Arsch, du Miststück!*«, unmittelbar gefolgt von einer Stimme aus dem Hintergrund der Kirche – von der Frau des Eselsschiebers –: »Leon, halt deine dreckige Klappe!« Und da schrie der Esel los. Hätten wir eine Wahl zum Esel des Tages abgehalten, wären mehrere Kandidaten nominiert worden. Und die Stimmen wären hübsch gleichmäßig verteilt gewesen.

Es ist so komisch, uns bei unserem Tun zu beobachten.

Und obgleich mehrere Jahre vergingen, bis die Kirche wieder ein Krippenspiel veranstaltete, haben wir noch nicht das letzte gesehen. Die Erinnerung an das Gelächter überlebt eben die Erinnerung an die Mühsal. Und die Hoffnung – die Hoffnung macht uns jedesmal glauben, daß es *dieses* Mal, *dieses* Jahr richtig klappen werde.

So ist es überhaupt mit Weihnachten, vermute ich. Es ist das wirkliche Leben – bloß von allem viel mehr auf einmal als sonst. Und ich nehme an, wir werden mit allem so weitermachen. Werden rasend und verwirrt und frustriert und sogar wahnsinnig werden. Und auch aufgeregt und hoffnungsvoll und stillvergnügt. Wir werden lachen und weinen und schmollen und grübeln. Werden ein bißchen betrunken werden und ausfallend. Uns umarmen und küssen und ein großes Theater veranstalten. Zuviel ausgeben. Und immer werden welche da sein, die sich übergeben und in die Hose machen. Wie immer werden wir nur ein paar Strophen singen, und diese meistens falsch. Wir werden es wieder und wieder und wieder tun. Wir sind das Krippenspiel – die ganze verflixte Veranstaltung.

Und ich finde, das Beste ist, es einfach geschehen zu lassen. Wie mindestens ein Mensch, den ich kenne, bezeugen kann, bringt es bloß Ärger, wenn man die Dinge zu sehr anschieben möchte.

BEDENKEN, HABEN SIE das je getan? Ich habe über das Wort nachgedacht, seit ich in der Geschichte von der Geburt Jesu darauf gestoßen bin. »Maria bedachte alle diese Dinge in ihrem Herzen.« Wenn man überlegt, worauf sich die Formulierung »alle diese Dinge« bezieht, ist es kein Wunder, daß sie sie bedachte. Sie ist ein junges Mädchen, das soeben in einem Stall ein Baby geboren hat und sich über den Vater nicht so recht im klaren ist. Ihr Mann schimpft über die Steuern und darüber, daß der Oberboß dieser Gegend, Herodes, Kindestötung befohlen hat. Und als wäre das noch nicht genug zum Nachdenken, ist da dieser ganze Besucherverkehr, Astrologen, Schafzüchter und Engel, die mit Fragen, Verkündigungen und Chorälen hereinschneien. Und die Tiere, die da mit ihr eingezwängt sind, *reden* auch noch. Nicht viele Kühe sprechen Hebräisch, aber hier scheint es tatsächlich der Fall gewesen zu sein. Das dürfte einem wahrlich Anlaß zu einigem Nachdenken geben. Ich würde sagen, »bedenken« ist genau das richtige Wort für das, was Maria tat.

Der alte Hiob überlegte einst ganz ähnlich auf seinem Haufen Asche. Und Jona. Wie er in der dampfenden Finsternis saß, von den Magensäften eines Walfisches und von halbverdauten Tintenfischen umspült. Diese Burschen haben eine Menge bedacht, möchte ich wetten.

Und ich auch. Ich bedenke und überlege. Alle Jahre wieder, drei, vier Tage nach Beginn des neuen Jahres.

Sobald sich nichts Besonderes mehr tut, weswegen dies eine besondere Zeit ist. Am ersten Tag, wenn alles endlich wieder in seinen Normalzustand verfällt. Die Verwandten sind nach Hause gefahren. Weihnachten ist gekommen und gegangen, und wie es auch war – gut, schlecht oder nichtssagend –, es ist vorbei. Silvester und Neujahr sind vorüber, und ob man die Jahreswende jubelnd begrüßte oder einfach zu Bett ging, es ist alles beendet. Das Feiertagsdurcheinander ist aufgeräumt, das Haus geputzt, und die Reste sind mit dem Abfall beseitigt. Es ist zu früh, um an der Steuererklärung zu arbeiten, zu zeitig, um im Garten zu werkeln.

Es ist kein totaler Stillstand. Ein Sonntagnachmittagsspaziergang in deiner Nachbarschaft sagt dir, daß das Leben weitergeht. Bei genauem Hinsehen zeigen sich die Knospen eines neuen Frühlings an den Bäumen, und tief in ihren Betten spüren die Narzissen und Krokusse, wie sich etwas in ihren Spitzen regt. Das weißt du, weil du selbst eine unbestimmte Regung in deinen Wurzeln spürst. Und die Tage werden schon länger.

Bedenken ist nicht grübeln oder grämen oder gar meditieren. Es ist ein tiefgründiges Fragen und Wundern.

Dieses Jahr habe ich mir am Bedenktag einen Nachmittag lang Fragen gestellt.

Habe mich nach den Mädchen gefragt, die ich vor langer Zeit geliebt habe. Wo waren sie jetzt? Was war aus ihnen geworden? Hatte ich etwas Gutes verpaßt? Was würde geschehen, wenn ich mich bemühte, sie ausfindig zu machen, und sie aufsuchte? *(»He, ich bin's!« – »Wer«?)*

Ich habe mich nach allen Menschen gefragt, die es noch nicht wußten, die aber nächstes Jahr um diese Zeit nicht mehr dasein würden, um zu bedenken und zu überlegen. Wenn sie es jetzt wüßten, würde es etwas nützen? Und was war mit all den Kindern, die nächstes Jahr um diese Zeit da sein würden und in diesem Augenblick aus elterlicher Begierde entstanden?

Ich habe mich nach all denen gefragt, die in Gefängnissen – insbesondere die unrechtmäßig Bestraften – gefoltert wurden. Hatten sie Hoffnung?

Irgendwann beim Fragen und Wundern am Bedenktag fange ich jedesmal an, geheime Pakte mit mir selbst zu schließen. So Dinge, die man niemandem erzählt, weil man nicht bei einer Dummheit wie beim Fassen von Neujahrsvorsätzen erwischt werden möchte. Man behält diese Dinge für sich, um sich nicht in die gefährliche Lage zu bringen, dabei erwischt zu werden, nicht zu tun, was man angekündigt hat. *(Ich habe einmal alle meine guten Taten eines Jahres aufgelistet, sie in Vorsatzform gebracht und zurückdatiert. Das war ein gutes Gefühl.)*

Beim Nachdenken erinnerte ich mich an meine Schulzeit. Wie ich in der ersten Woche nach den Weihnachtsferien wieder zur Schule ging und mir insgeheim gelobte, was ich dieses Jahr alles besser machen wollte. Und ein paar Tage lang machte ich es wirklich besser. Ich bin nicht auf Dauer beim Bessermachen *geblieben* – es gibt eine Menge Ablenkungen, wenn man jung ist –, aber wenigstens ein paar Tage lang – ein paar Tage vielversprechender Möglichkeiten lang – hatte ich den Beweis, es wirklich besser machen zu können. Wenn ich wollte.

Heute, im mittleren Alter, in Gedanken, die bedächtiger sind und Erfahrung widerspiegeln, gelobe ich mir fast unbewußt dasselbe. Ich könnte es besser machen. Und der Präsident auch und der Papst und die ganze übrige Menschheit. Wir könnten es besser machen.

Ich muß an die Geschichte von dem Mann denken, der das Pferd des Königs fand und nicht wußte, daß es das Pferd des Königs war, und es behielt. Aber der König kam dahinter und sperrte ihn ein und wollte ihn töten, weil er das Pferd gestohlen hatte. Der Mann versuchte es zu erklären und sagte, er wolle seine Strafe gerne auf sich nehmen, aber ob der König wisse, daß er dem Pferd das Sprechen beibringen könne und der König so ein sehr imposanter König sein könne, mit einem sprechenden Pferd? Der König denkt, was hat er schon zu verlieren, und sagt ja. Er gibt ihm ein Jahr. Die Freunde des Mannes halten ihn für verrückt. Aber der Mann sagt – na ja, wer weiß? –, der König könnte sterben, ich könnte sterben, die Welt könnte untergehen, der König könnte es vergessen. Aber vielleicht, ja vielleicht *könnte auch das Pferd sprechen.* Man muß daran glauben, daß alles geschehen kann.

Und deshalb habe ich, als ich einmal an meinem Bedenktag von meinem Nachmittagsspaziergang zurückkam, auf die Frage, wo ich gewesen sei, zu meiner Frau gesagt: »Oh, ich habe mit einem Pferd gesprochen.« Das gab ihr zu denken.

An den meisten amerikanischen High Schools gibt es einen Fahrlehrer. Es ist eine undankbare Aufgabe, ein Job mit niedrigem Ansehen, in der fachlichen Hackordnung ungefähr auf demselben Niveau wie der Schreibmaschinenlehrer. Der Fahrlehrer ist eine Art Unperson. Die Eltern der Schüler nehmen ihn nicht in ihre Kreise auf, und die Schüler sehen im Fahrlehrer ein notwendiges Übel. Ein Erwachsener mehr, dem sie in den Hintern kriechen müssen, um zu bekommen, was sie wollen. Es ist ein Job, den jeder Halbidiot bewältigen könnte – und wer diesen Job will, hat nicht viel Ehrgeiz oder Talent oder Geschick. Mag sein.

Trotzdem, ich würde gern eine Weile Autofahren unterrichten. Es wäre eine Ehre, seitdem ich es sehe, wie der alte Mr. Perry es sieht. So nennen ihn die Schüler. »Der alte Mr. Perry«. Sie nennen ihn auch »Fahrmeister« und »Obi Wan Kenobi«. Da sich der letztere Name auf den Weisen in der »Krieg der Sterne«-Trilogie bezieht, erkundigte ich mich bei einigen Schülern nach dem Grund hierfür, und sie sagten, ich solle mal mit ihm fahren, dann würde ich schon sehen. Gesagt, getan.

Jack Perry. Eine ziemlich durchschnittliche Erscheinung – nicht groß oder klein oder dick oder dünn oder alt oder jung oder normal oder verrückt. Eher unauffällig. Man würde ihn auf der Straße nicht beachten und käme nicht darauf, ihn bei einer polizeilichen Gegenüberstellung als denjenigen herauszupicken, der etwas ausgefressen haben könnte. Ein ehemaliger Marineobermaat, pensioniert, verheiratet, vier erwachsene Kinder, Protestant, pflegt seinen Garten zum Vergnügen. Liebt Autos und junge Menschen, deshalb ist er Fahrlehrer. *(Ich halte es für fair und sinnvoll anzumerken, daß die folgende Unterhaltung eine Rekonstruktion aus meinem Gedächtnis ist. Was ich mitteile, ist der Geist des Gesprächs. Jack, ein wortkarger Mann, sagte in Wirklichkeit viel weniger, als ich wiedergebe, denn er pflegte einen Gedanken zu beginnen und dann mit wegwerfender Handbewegung zu sagen: »Den Rest kennen Sie.« Ich habe ihm diesen Text gezeigt, und er sagte, der sei hübscher, als er tatsächlich rede, aber er wolle in keiner Weise widersprechen. Die Schüler lieben ihn unter anderem, weil er viel mehr zuhört, als er selbst redet).*

Sie sind also der Fahrlehrer?

So nennt sich mein Job, ja.

Ich wüßte gerne, was Sie tatsächlich *tun*. Die Schüler sagen, Sie sind einer von den wirklich klasse Leuten an der Schule – ein »echt super Typ«, um einen von ihnen zu zitieren.

Wollen Sie es wirklich wissen?

Ich will es wirklich wissen.

Es klingt vielleicht anmaßend, aber ich sehe mich als eine Art Schamane – ich helfe den jungen Burschen und Mädchen durch ein Fahrritual, – und mein Job ist es, sie dazu zu bringen, daß sie ihr Leben lang an diese Zeit denken.

Die meisten von ihnen sind fast sechzehn. Sie wissen viel mehr über das Leben und Sex und Alkohol und Drogen und Geld, als ihre Eltern oder Lehrer ihnen zutrauen.

Und sie sind körperlich schon ziemlich weit entwickelt.

Aber wir haben keinerlei Initiationsriten mehr, um ihr Erwachsenwerden würdig zu feiern. Es gibt kein Zeremoniell, keine bestimmten neuen Kleider oder Aufgaben, keine öffentliche Erklärung, die besagen: Dies ist kein Kind mehr – dies ist ein junger Erwachsener.

Das einzige, was wir ihnen geben, ist der Führerschein. Ein Auto haben bedeutet, vom Rücksitz auf den Fahrersitz zu wechseln. Du bist kein Mitfahrer mehr. Du übernimmst das Steuer. Du kannst fahren, wohin du willst. Du hast jetzt Macht. Und das ist es, worüber wir reden. Macht.

Aber wie lernen sie tatsächlich, wie man Auto fährt? Ach, das kommt ganz von selbst – ein paar Fahrstunden, die Lektüre des Lehrbuchs –, und schließlich *wollen* sie es ja auch fest genug, um sich von selbst anzustrengen. Also rede ich gar nicht darüber; sie müssen eine Prüfung ablegen, und meistens klappt es ganz von selbst.

Und worüber reden Sie beim Fahren?

Über ihre neue Macht, ihre neuen Möglichkeiten, ihre neue Verantwortung. Über Träume, Hoffnungen und Ängste. Über das, was sie »eines Tages« machen möchten, und was wäre, wenn ... Ich höre die meiste Zeit aufmerksam zu. Ich bin nicht ihr Vater oder Schullehrer oder Nachbar oder Psychiater, und sie bekommen mich kaum zu sehen, außer wenn wir zu zweit im Wagen herumkreuzen. Mit mir zu reden ist ungefährlich. Sie erzählen mir von der Liebe und von Geld und von ihren Plänen, und sie fragen mich, wie es war, als ich so alt war sie sie.

Würden Sie mich einmal mitnehmen? Es würde sicher nichts schaden, wenn ich meine Fahrkünste ein bißchen aufmöbele.

So fuhren wir los. Und meine Fahrkünste wurden »aufgemöbelt« – ebenso wie mein Sinn für Ort und Ziel.

Mein Erlebnis mit dem Fahrlehrer bestärkt für mich wieder einmal die profunde Wahrheit einer alten Geschichte. Wenn Sie sie nicht kennen, wird es Zeit, daß Sie sie hören. Wenn Sie sie kennen, sollten Sie sie ab und zu wieder hören.

Ein Reisender aus Italien kam in die französische Stadt Chartres, um die große Kathedrale zu besichtigen, die dort gebaut wurde. Er traf gegen Abend ein und kam zur Baustelle, als die Arbeiter sich gerade anschickten, nach Haue zu gehen. Er fragte einen staubbedeckten Mann, was er dort tue. Der Mann erwiderte, er sei Steinmetz. Er verbringe seine Tage mit dem Behauen von Steinen. Ein anderer Mann antwortete auf die Frage, er sei Glasbläser, der seine Tage mit dem Verfertigen bunter Glastafeln verbringe. Wieder ein anderer erwiderte, er sei Schmied, der seinen Lebensunterhalt mit dem Behämmern von Eisen verdiene.

Als der Reisende in das dunkler werdende, unvollendete Gebäude wanderte, traf er eine ältere Frau an, die, mit einem Besen bewaffnet, die Steinsplitter, Holzabfälle und Glasscherben von des Tages Arbeit zusammenkehrte. »Was tust du?« fragte er.

Die Frau hielt inne, stützte sich auf ihren Besen und antwortete, indem sie in das hohe Gewölbe emporblickte: »Ich? Ich baue eine Kathedrale zur Ehre Gottes des Allmächtigen.«

Ich habe oft über die Leute von Chartres nachgedacht. Sie begannen etwas, von dem sie wußten, daß sie es nie vollendet sehen würden. Sie bauten für etwas, das größer war als sie. Sie hatten eine erhabene Vision.

Bei Jack Perry ist es dasselbe. Er sieht seine Schüler nie erwachsen werden. Das tun wenige Lehrer. Aber aus seiner Sicht und mit dem, was er hat, offeriert er ihnen eine Vision, wie die Welt sein sollte.

Die alte Frau von Chartres war eine geistige Vorfahrin des Fahrlehrers, der auf seine stille Weise eine Kathedrale für die Menschheit baut. Bei ihm lernen die jungen Menschen ein Fahrzeug führen und ihr Leben führen – mit Umsicht.

WENN DAS GESCHIRR gespült und der Ausguß leergelaufen ist, bleibt jedesmal etwas im Sieb am Beckenboden hängen, das ich vorerst irgendwelches »Zeug« nennen möchte. Ein vernünftiger, intelligenter, sachlicher Mensch würde sagen, das sei nichts als eine Mischung aus Nahrungspartikeln, die zu groß sind, um durch den Abfluß zu verschwinden. Nichts als ein bißchen Protein, Kohlenhydrate, Fett und Fasern. Mahlzeitschuppen.

Des weiteren könnte man hinzufügen, die Stoffe seien nicht nur erstens durch die große Hitze beim Kochen sterilisiert, sondern zusätzlich durch das Spülmittel und das heiße Wasser in der Abwaschschüssel keimfrei gemacht und klargespült worden. Kein Problem.

Doch jeder Teenager, der zum Geschirrspülen abkommandiert wird, weiß, daß diese Erklärung eine Lüge ist. Das Zeug auf dem Siebboden ist toxischer Abfall, tödliches Gift – eine Gefahr für die Gesundheit. Mit anderen Worten, so widerwärtig, wie etwas nur sein kann.

Einer der ganz wenigen Gründe, weshalb ich mit dreizehn überhaupt Respekt vor meiner Mutter hatte, war der, daß sie mit bloßen Händen – *bloßen Händen!* – in den Ausguß langte, den tödlichen Mist herausnahm und in den Müll warf. Obendrein sah ich sie in den Sack mit dem nassen Abfall greifen und nach einem verlorengegangenen Teelöffel fischen, *mit bloßen Händen*, eine Wahnsinnscourage. Sie fand den Löffel in einem Klumpen Kaffeesatz, vermischt mit Rühreiresten und den Überbleibseln der Gemüsesuppe. Ich bin beinahe umgekippt, als sie ihn mir zum Abspülen gab. Kein Teenager, dem sein Leben lieb war, hätte ihn angefaßt, ohne sich mit Handschuhen, Atemmaske und einer Greifzange aus rostfreiem Stahl zu bewaffnen.

In der Schule stieß ich einmal auf das französische Wort *ordure,* und als der Lehrer mir sagte, es bedeute »unsäglicher Schmutz«, wußte ich genau, was gemeint war. Wir hatten ihn jeden Abend. Auf dem Ausgußboden.

Als ich meiner Mutter zur Abwaschzeit mein neues Wort mitteilte, bedachte sie mich mit ihrem Du-Dummerchen-Blick und erklärte, das Abendessen, das ich soeben verzehrt hätte, befände sich im Augenblick in meinem Magen in fast demselben Zustand der Zersetzung, und dabei sei es nicht einmal abgewaschen und nachgespült worden, ehe es meinen Abfluß hinunterging. Wenn sie mich vor die Wahl zwischen dieser Erklärung und einem Schlag über den Schädel gestellt hätte, ich hätte den Knüppel gewählt.

Ich habe mich lange und nachhaltig für einen Müllzerkleinerer und eine Geschirrspülmaschine stark gemacht, wußte ich doch genau, sie waren erfunden worden, damit *kein Mensch* den Mist *je* wieder anlangen müßte.

Egal, was Vater oder Mutter oder irgendein unvoreingenommener Erwachsener mir erzählen mochte, ich wußte, das Zeug im Ausguß war tödlich und ansteckend. Man bekam Lepra davon oder noch Schlimmeres. Sollte man es jemals zufällig anfassen, durfte man sich nirgends mehr anfassen, bevor man sich nicht die Hände mit glühendheißem Wasser und Seife gewaschen hatte. Schlimmer noch, ich wußte, das Zeug konnte zu einer breiigen Masse gerinnen und sich in etwas Lebendiges verwandeln, das nachts aus dem Ausguß kroch und sich frei durchs Haus bewegte.

Warum nicht einfach Gummihandschuhe benutzen, fragen Sie? Na hören Sie mal. Gummihandschuhe sind was für Waschlappen. Außerdem machte meine Mutter es mit bloßen Händen, wie Sie wissen. Mein Vater ging in seinem Leben nicht näher als einen Meter an den Ausguß heran. Meine Mutter sagte, er sei faul. Aber ich wußte, er wußte dasselbe über den Mist, was ich wußte.

Einmal sagte ich nach dem Abendessen zu ihm, ich könne wetten, daß Jesus nie Geschirr spülen und den Mist aus dem Ausguß klauben mußte. Er stimmte mir zu. Das war die einzige theologische Diskussion, die wir je führten.

Andererseits machte Vater sich mit einer Saugpumpe über die Toilette her, wenn sie mit noch üblerem Zeug verstopft war. Ich konnte nicht einmal in den Raum gehen, wenn er das tat. Ich wollte nichts davon wissen.

Aber heute, heute bin ich ein erwachsener Mensch. Und zwar schon seit geraumer Zeit. Und ich stelle mir vor, ich hielte an der High School vor einer Abschlußklasse eine Rede. Als erstes würde ich fragen: »Wer von euch möchte erwachsen, unabhängig, selbständig sein?« Alle würden sie beflissen die Hände heben. Und dann würde ich ihnen genüßlich die Liste von Dingen nennen, die Erwachsene tun:

das Abflußsieb reinigen;
die Toilette auspumpen;
Babys saubermachen, wenn sie pupsen und pinkeln;
laufende Nasen putzen;
den Boden putzen, wenn das Baby passierten Spinat ausspuckt;
Herde und Fettsiebe und Bratpfannen saubermachen;
das Katzenklo ausleeren und Hundekot aufklauben;

den Abfall hinaustragen;
verstopfte Siphons reinigen;
tote Haustiere begraben, wenn sie auf der Straße überfahren wurden.

Ich würde zu den Schulabgängern sagen, wenn sie diese Dinge tun könnten, seien sie erwachsen. Einige Schüler würden nach alldem vielleicht lieber immer jung bleiben wollen. Aber sie könnten ebensogut der Wahrheit ins Gesicht sehen.

Es kann sogar noch schlimmer kommen, als die Liste vermuten läßt. Meine Frau ist Ärztin, und ich will Ihnen gar nicht erst berichten, was sie mir manchmal von ihrer Arbeit erzählt. Ich wünschte, ich wüßte es nicht. Zuweilen ist mir ganz unbehaglich in der Nähe eines Menschen, der solche Dinge tun muß. Aber ich bin auch stolz auf sie.

Die Bereitschaft, den Schlamassel zu bereinigen, ist eine Art Reifeprüfung. Denn daß wir bereit sind, all den Abfall des Lebens wegzuschaffen, ist die Voraussetzung für jede soziale Gemeinschaft.

Als Kind meint man, wenn man uns wirklich liebte, würde man nicht von uns verlangen, den Abfall hinauszutragen. Wenn man erwachsen wird, trägt man selbst den Abfall hinaus, weil man die anderen liebt. Und damit meine ich nicht nur die eigene Familie, sondern die ganze Menschheitsfamilie.

Das alte Klischee stimmt eben immer noch.

Erwachsen zu sein *ist* Drecksarbeit.

Aber einer muß es ja machen.

Limmenade 5 Cints.« Eine große, mit roten Buchstaben stolz bemalte Ankündigung des Sommers. Ein paar Straßen weiter befindet sich diese klassische Szenerie. Sonnengebräunte Kinder, Klapptisch, Küchenstuhl, Krug, Pappbecher und das an einen Zaunpfahl geklebte Schild. Eigentlich war es die Idee ihrer Großmutter gewesen. Um die Kinder eine Weile aus dem Weg und gleichzeitig an einem Ort beisammen zu haben. *(Man sieht ihr Gesicht am Küchenfenster, von wo sie sie im Auge behält.)*

Die Kinder hatten sich anfangs gesträubt – sie rochen den Braten. Aber als sie merkten, daß dabei Geld zu verdienen war, gewann die kapitalistische Habgier die Oberhand, und nun sind sie seit einer Woche jeden Tag da draußen. Sie verdünnen neuerdings sogar ihre Ware mit Wasser, um ihren Gewinn zu steigern. Ich weiß das. Denn seit fünf Tagen bin ich ihr bester Kunde. Ich weiß es auch, weil ich selbst als Kind im Limonadengewerbe tätig war. So unterstütze ich ihren Handel, indem ich einen Umweg um den Häuserblock mache, um an ihrem Stand vorbeizukommen. Sie machen dabei ein gutes Geschäft. Ich auch. Für fünf Cents bekomme ich einen Becher Wasser mit Limonadengeschmack und einem Spritzer Nostalgie, und sie bessern ihre Kasse auf. Ich bin ein bevorzugter Kunde. Sie haben mir am Ende des Arbeitstages den letzten Rest aus einem Krug umsonst gegeben. Jetzt weiß ich, wo der Zucker die ganze Zeit gewesen ist.

Und sie sind bessere Geschäftsleute, als ich es in ihrem Alter war. Das jüngste Kind hat die Aufgabe, den Kunden zu folgen und ihnen den Becher abzunehmen, bevor er weggeworfen wird. Ich dachte, sie wollten Abfall vermeiden. Aber wie sich herausgestellt hat, verwenden sie die Becher wieder. »Ist das nicht ein bißchen unhygienisch?« – »Wieso? Sind Sie etwa krank geworden?« Was konnte ich da sagen?

Ich erbot mich, sie mit Plätzchen zu versorgen, um ihr Warenangebot zu erweitern. Ich wollte ihnen die Plätzchen für fünf Cents überlassen, und sie könnten sie für zehn verkaufen. In ihrem Alter ist man äußerst mißtrauisch, wenn ein Erwachsener sich erbietet, ihnen einen Gefallen zu tun. Doch am nächsten Tag waren Plätzchen auf dem Klapptisch. Und zwar zu fünfzehn Cents das Stück. »Die hat Großmutter gebacken. Sie hat sie uns *geschenkt.« (Großmutter lächelt und winkt mir vom Küchenfenster zu.)* Ich habe es mit ökonomischen Kräften zu tun, mit denen ich es nicht aufnehmen kann, und mit Köpfen, die schlauer sind als meiner. Mein Job ist der des Kunden. Ein Vermittler ist nicht gefragt.

Dies ist nicht das erste Mal, daß ich in einem Spielchen mit zwei Generationen einer Familie der Dumme war.

Eines Sommers auf einer holprigen Straße in den Bergen von Korsika hielt ein Bengel meinen Wagen an. Er winkte und wies auf etwas in einem Korb. Ich blieb stehen. Hinter ihm saß ein älterer Mann an einem Tisch. Auf dem Tisch hohe grüne Flaschen.

Der Bengel schenkte mir ein strahlendes, zahnlückiges Grinsen.

»Mister, Sie sprechen Englisch?«

Ich nickte. Und der Knirps von einem Kaufmann kam ganz nahe zu mir heran und sprach in verschwörerischem

Ton: »Mein armer alter Großvater verkauft Mandeln und Wein. Die Mandeln sind von seinen Bäumen, und den Wein macht er selbst. Die Mandeln sind gut, aber der Wein ist miserabel. Aber billig. Bitte kaufen Sie etwas und machen Sie meinen armen Großvater froh, ja?«

Auch ein Limonadenverkäufer. Und die Gilde der Limonadenverkäufer muß zusammenhalten, nicht wahr? Schön. Für etwa einen Dollar erstand ich eine Tüte Mandeln und zwei Flaschen Wein. Der Bengel lächelte, und der alte Mann lächelte, und ich lächelte. Eine regelrechte Verschwörung.

Und der Bengel hatte recht. Keine falsche Reklame. Die Mandeln waren sehr lecker. Der Wein war schauderhaft.

Ein paar Kilometer weiter war ein anderer Junge mit einem anderen alten Mann und derselben Geschichte. So ein Zufall. Und für einen weiteren Dollar bekam ich eine weitere Tüte Mandeln plus zwei weitere Flaschen Fusel primeur.

Doch ein paar Kilometer weiter war wieder ein anderer Junge mit einem anderen alten Mann, und wiederum ein paar Kilometer die Straße entlang noch einer. Innerhalb von dreißig Kilometern zählte ich elf freundliche Gespanne von Anhalte-Künstlern.

An diesem Abend erfuhr ich im Dorf, daß die alten Männer die Jungen, die in der Schule Englisch gelernt haben, anheuern, um die Touristen anzuhalten und die Geschichte zu erzählen, und es klappt immer. Ich erfuhr außerdem, daß die alten Männer nichts, die kleinen Jungen dagegen alles von den komplizierten Umrechnungen der ausländischen Währungen verstehen. Was die Bengel von den Touristen einnehmen und was sie den alten Männern geben, ist nicht dasselbe.

Ich vermute, die alten Männer sind über die Vorgänge

durchaus im Bilde, aber eingedenk dessen, daß sie verwässerten Essig als Wein verkaufen, können sie sich nicht über den Betrug und Diebstahl der jüngeren Generation beschweren.

Gauner sind sie alle.

Sogar ich. Ich habe einem Taxifahrer zwei Flaschen Wein als Trinkgeld gegeben. Er hatte mir zuviel berechnet, als er mich von meinem Hotel zur Fähre fuhr, doch ich konnte nicht genug Französisch, um mit ihm zu streiten. Aber über den Wein hat er sich gefreut. Wenn er merkt, was das für ein Wein ist, schenkt er ihn vielleicht dem alten Mann mit dem kleinen Jungen an der Straße, und er macht von neuem die Runde.

Ein Jahr später, in einer Gasse in Heraklion auf Kreta. Zwei Kinder, ein wackliger Tisch, ein paar Gläser, ein Krug, ein Schild – die übliche Ausstattung.

»He, Mister, Sie sprechen Englisch?«

Das alte Spiel.

»Klar, was verkauft ihr?«

»Super Cola – hat mein Großvater gemacht.«

Soviel ich wußte, war Super Cola ein alkoholfreies griechisches Getränk.

»Wie teuer?«

»Ein amerikanischer Dollar.«

»Ein Dollar für eine Flasche Super Cola? Das ist Wahnsinn.«

»Warten Sie nur, bis Sie es probieren.«

Man kann einen Limonadenverkäuferkumpel nicht im Stich lassen, also bezahlte ich meinen Dollar, nahm eine Flasche und trank einen großen Schluck.

In der Flasche war Raki – die dortige Version unseres billigen Whiskys – unverdünnter Fusel. Manche Leute sollen abgehoben haben, nachdem sie ihn tranken, sagte man mir. Andere waren nicht imstande, das Erlebnis zu beschreiben. Weil sie nicht mehr sprechen konnten.

Ich ging in warmer Glut von dannen, meine Lippen fühlten sich etwas taub an, ich aber fühlte mich gelöst und wohl. Na, *das* nenne ich *Limonade.*

Wenn Sie je zur Sommerszeit in meiner Gegend sind und einen Mann mittleren Alters mit einem Schlapphut unter einem Schild »EXTRA SPEZIALLIMONADE $ 1« an einem Klapptisch sitzen sehen, bleiben Sie stehen und trinken Sie einen Schluck im Namen der internationalen Bruderschaft der Limmenadeverkäufer, ja?

HALALI-HA, DER FUCHS! Nein, nicht Halali-ho. Halali-ha. Ha, wie das »haha« beim Lachen. Diese Verballhornung der traditionellen Hundehetze ist die Parole der *Hunt Saboteurs Association*, der Liga der Jagdsaboteure in England. Die HSA ist eine Gruppe gewöhnlicher Bürger, die ein ungewöhnliches Interesse an der altehrwürdigen aristokratischen Fuchsjagd haben.

Erinnern wir uns: Bei der Fuchsjagd versammeln sich die Oberen Zehntausend. Sie sind komisch angezogen und sitzen in schmalen Sätteln auf schlanken Pferden. Auf das Kommando eines Jagdleiters, der einen sportlichen roten Rock trägt und in ein Horn bläst, jagen alle über Land, Zäune und Hecken, durchs Moor und über Hügel, Tal und Feld hinter einer Meute Hunde her, die ihrerseits etwas jagen, von dem sie hoffen, daß es ein Fuchs ist. Wenn es ein Fuchs ist und die Hunde ihn fangen, zerreißen sie ihn in Stücke.

All die pferdenärrischen Reiter halten dies für einen großen Spaß, und die Hunde auch, nehme ich an. Was die Pferde und der Fuchs davon halten, kann ich nur vermuten.

Einem Jagdclub anzugehören adelt nachgerade. Oft nimmt denn auch das Königshaus direkt teil, mit einer Prinzessin oder einem Herzog oder zweien, die für den Status der Jagd als unentbehrlich gelten.

Und jetzt sind in dieser munteren Szene plötzlich die

Anhänger der *Hunt Saboteurs Association* aufgetaucht. Mehr als zweitausend Enthusiasten, die sich als entschiedene Spielverderber verstehen. Sie sind auf Seiten des Fuchses. Und gegen Tierquälerei. Sie bezeichnen die Fuchsjagd als »das Untragbare in Verfolgung des Ungenießbaren.«

Ihr Ziel ist es, die Fuchsjagd gründlich zu stören und möglichst vielen Füchsen ein glückliches Weiterleben bei unversehrtem Leibe zu ermöglichen. Zu diesem Behufe sind die Saboteure nur ein bißchen weniger gut organisiert als der israelische Geheimdienst. So diskret die Jagdorganisatoren auch sein mögen, stets scheinen die Saboteure ihre Pläne zu kennen. Immer wenn eine Jagd angesetzt ist, treten sie in Aktion.

Hier ein paar Beispiele für ihre Taktiken und Taten:

Oft verschicken sie falsche, sich widersprechende Einladungen zur Jagd, damit sich die Reiter zur falschen Zeit am falschen Ort einfinden.

Oder manche von ihnen verstecken sich wie Partisanen im Wald und blasen falsche Jagdsignale, um die Reiter zu verwirren, und manchmal sitzen sie sogar als Jäger verkleidet auf und stürmen in die falsche Richtung.

Oder einige Saboteure streifen an den Tagen vor einer Jagd kilometerweit durch Feld, Wald und Wiese und sprühen künstliche Fuchswitterung auf Bäume und Zäune, während sie gleichzeitig saftige rohe Fleischbrocken auslegen, um die Hunde abzulenken.

Man weiß auch von den Saboteuren, daß sie in Dörfern Luftschutzsirenen aufheulen und kleine Rauchbomben hochgehen ließen, um die Reiter durcheinanderzubringen, und daß sie sogar alle Pferde losbanden, während die Reiter eine Rast eingelegt hatten.

Einmal wurden sämtliche Hunde einer Meute auf einen

Lastwagen gelockt und viele Kilometer weit abtransportiert.

Und ich habe gehört, daß Saboteurgruppen nach der Jagd sogar nackt durch die Gartenpartys gerannt sind – nackt bis auf einen am Gesäß angebrachten Fuchsschwanz. Und dabei haben sie natürlich wie Hunde gebellt.

Überflüssig zu sagen, daß die Presse stets über die bevorstehenden Aktionen der Saboteure informiert wird, und die Presseleute fahren gerne hin und berichten über die ganze Angelegenheit.

Mehr als einmal sind die Fuchsjäger dabei als ziemlich barbarisch und dumm hingestellt worden. Und die Namen aller Jäger sind veröffentlicht worden. Das paßt ihnen gar nicht.

Die Jagdclubs sind der *Hunt Saboteurs Association* daher nicht besonders gewogen. Doch wenn sie Polizei und Anwälte rufen, läßt sie das nur noch lächerlicher erscheinen, und die Jagd verdirbt es auch.

Die Folgen von alledem sind ein Mordsspaß für die SABs, wie sie sich nennen, große Feste in den Dorfkneipen, nachdem ihr Werk vollbracht ist, ein schwindendes Interesse an der Fuchsjagd bei einigen Jägern und zudem der Seelenfrieden nicht weniger Füchse.

Irgendwie mag ich die *Hunt Saboteurs Association.* Nicht weil Füchse retten auf meiner Prioritätenliste besonders weit obenan stünde. Und nicht nur, weil ich gegen jede Form von Grausamkeit bin. Ich begrüße den Geist der SABs.

Wie oft bedarf es eines gewissen Grimms, um Gutes zu tun. Um ein Übel, selbst ein kleines Übel, mit Witz, List, Fröhlichkeit und Humor anzugreifen, dazu gehört eine Geisteshaltung, die nur wenige von uns besitzen, die aber, so vorhanden, die Menschen adelt und den Fortschritt möglich und zugleich schmackhaft macht.

Wenn wir nur herausbekämen, wie wir mehr Spaß bei der Sache haben könnten, würden vielleicht auch mehr von uns den Reihen jener beitreten, die Gerechtigkeit und Gnade suchen.

WAS ICH JETZT sagen möchte, paßt irgendwo zwischen die Zehn Gebote und Murphys Gesetz.

Gott, wie Sie sich vielleicht erinnern, rief Moses auf einen hohen Berg in der Wüste und reichte ihm zwei solide Steintafeln mit ein paar mächtigen Worten darauf. Gebote. Gott sagte nicht: »Hier sind zehn prima Ideen, sieh zu, wie du darüber denkst.« Gebote. Tu's oder trage die Konsequenzen.

Murphy war im Gegensatz dazu der unendlich gutgelaunte Zyniker, der sagte, egal, was du tust, es wird vermutlich nicht besonders gut klappen. Und manche Leute halten Murphy dabei sogar für einen Optimisten.

Irgendwo dazwischen sehe ich Fulghums Empfehlungen. Hier geht es um Themen, die weder von Gott noch von Murphy berührt wurden, ehrlich. Und meine Empfehlungen sind weder so unerbittlich wie die zehn Gebote, noch so entmutigend wie die unendlichen Variationen über Murphy. Beachten Sie, daß auf meiner Liste erst neun Empfehlungen stehen.

Ich arbeite noch an der zehnten. Oder der elften, je nachdem.

1. Kaufe jedem Kind Limonade ab, das welche verkauft.
2. Jedesmal wenn du etwas wählen kannst, wähle.
3. Nimm an eurem fünfundzwanzigjährigen Klassentreffen teil.
4. Nimm Zeit haben wichtiger als Geld haben.

5. Nimm immer die landschaftlich schöne Strecke.
6. Gib jedem Bettler wenigstens ein bißchen.
7. Und gib allen Straßenmusikanten Geld.
8. Sei immer für jemand ein Schatz.
9. Wenn der Zirkus in die Stadt kommt, geh hin.

Wir schreiben 1963.

Aus den schluchtartigen Gängen eines Supermarktes ertönt etwas, das sich anhört wie ein kleineres Busunglück, gefolgt von Fliegeralarm. Wenn Sie hinter den mit Mop und Besen bewaffneten Lehrjungen herliefen, würden Sie zu einem jungen Vater, seinem dreijährigen Sohn, einem umgekippten Einkaufswagen und einem großen Teil des Konservenregals kommen – alles in einem großen Haufen auf dem Boden.

Das Kind, das auf einer Plastiktüte mit reifen Tomaten sitzt, erlebt, was sich hübsch als »erheblicher Flüssigkeitsverlust« bezeichnen ließe. Tränen, eine laufende Nase, Blut, das aus einem kleinen Kratzer an der Stirn quillt, und Speichel, der aus dem weit geöffneten Mund rinnt; und dazu ein Geschrei, das einen Hund unters Bett jagen würde. Das Kind hat sich zudem die Hose naßgemacht und wird sich wahrscheinlich übergeben, bevor diese kleine Tragödie den Tiefpunkt erreicht. Es hat diesen »Vorsicht, es kommt!«-Blick eines Kindes im *Vorkotz*-Stadium. Der kleine See von Konservensäften, der das Kind umgibt, macht der »Supermarktambulanz«, die gerade am Unfallort eintrifft, die Rettung nicht leichter.

Das Kind ist nicht verletzt. Und der Vater hat Erfahrung mit der Nutzlosigkeit des Hör-auf-zu-brüllen-oder-ich-schmier-dir-eine-Syndroms und bleibt angesichts der Katastrophe bemerkenswert ruhig und gelassen.

Der Vater ist still, weil er daran denkt, von zu Hause zu türmen. Jetzt gleich. Einfach losgehen, ins Auto steigen, fortfahren, irgendwo nach Süden, seinen Namen ändern, sich einen Job als Zeitungsverkäufer oder als Koch in einem die ganze Nacht über geöffneten Lokal suchen. Etwas – irgendwas –, wo er nichts mit Dreijährigen zu tun hat.

Sicher, eines Tages findet er das alles vielleicht amüsant, aber im geheimsten Winkel seines Herzens bedauert er, daß er Kinder hat; er bedauert, geheiratet zu haben, bedauert, erwachsen geworden zu sein, und vor allem anderen bedauert er, daß er diesen eigenwilligen Sohn nicht gegen ein funktionierendes Modell eintauschen kann. Er will und kann all das niemandem sagen, niemals, aber es ist da, und es ist nicht lustig.

Der Lehrjunge und der Geschäftsführer und die versammelten Zuschauer – sie alle sind schrecklich verständnisvoll und tröstend. Später sitzt der Vater auf dem Parkplatz in seinem Auto und hält das schluchzende Kind in den Armen, bis es einschläft. Er fährt nach Hause und trägt das Kind in sein Bettchen und deckt es zu. Der Vater betrachtet das schlafende Kind lange Zeit. Der Vater türmt nicht von zu Hause.

Wir schreiben 1976.

Derselbe Mann geht in meinem Wohnzimmer auf und ab, abwechselnd hemmungslos fluchend und weinend. In seiner Hand die Überbleibsel eines Briefes, der mehrmals zerknüllt und wieder auseinandergefaltet wurde. Der Brief ist von seinem inzwischen achtzehnjährigen Sohn. Dem Stolz seines Vaters – vielmehr war er das bis zur heutigen Post.

Der Sohn schreibt, er hasse den Vater und wolle ihn nie

wiedersehen. Er werde von zu Hause abhauen. Wegen seines schrecklichen Vaters. Der Sohn denkt, er habe als Vater versagt. Der Sohn denkt, der Vater sei ein Trottel.

Was der Vater in diesem Augenblick von dem Sohn denkt, ist etwas unzusammenhängend, aber es ist nichts gerade Nettes.

Draußen ist ein herrlicher Tag, der erste Frühlingstag. Aber drinnen ist es mehr wie *Apocalypse Now*. Der alte graue Geist des Ödipus ist soeben durch sein Leben gestampft, und der Mann hat den ersten Tag eines neuen Stadiums seines Vaterseins erlebt. Eines Tages – eines fernen Tages – wird er vielleicht sogar hierüber lachen. Im Augenblick kennt er nur Schmerz.

Er ist wirklich ein guter Mensch und ein prima Vater. Die Beweise dafür sind überwältigend. Und der Sohn ist ebenfalls erste Sahne. Ganz der Vater, heißt es.

»Warum passiert mir so was?« brüllt der Vater die Zimmerdecke an.

Nun, er hatte eben einen Sohn. Das sagte alles. Und es hatte keinen Zweck, es ihm an dieser Stelle erklären zu wollen. Er mußte es erst einmal selbst durchleben. Die Einsicht würde später kommen. Vorerst hieß es, einfach wie ein Esel im Hagelschauer stehen und es über sich ergehen lassen.

Wir schreiben 1988.

Derselbe Mann und derselbe Sohn. Der Sohn ist jetzt achtundzwanzig, verheiratet, hat selbst einen dreijährigen Sohn, Haus und Karriere mit allem Drum und Dran. Der Vater ist fünfzig.

Dreimal wöchentlich sehe ich sie morgens gegen sechs zusammen joggen. Wenn sie eine belebte Straße überqueren, sehe ich den Sohn in beide Richtungen blicken, eine

Hand am Arm seines Vaters, um ihn vor Schaden zu schützen. Ich höre sie lachen, wenn sie hügelan in den Morgen hineinlaufen. Und wenn sie heimwärts sprinten, läuft der Sohn nicht voraus, sondern im Tempo seines Vaters neben ihm her.

Sie mögen sich sehr. Das sieht man.

Sie sind sehr besorgt um einander – sie haben viel zusammen durchgemacht, aber jetzt ist alles gut.

Eine ihrer Lieblingsgeschichten heißt: Weißt du noch, damals im Supermarkt...

Wir schreiben heute.

Und dies ist eine immerwährende Geschichte. Sie wurde tausende Male durchlebt über fünftausend Jahre hinweg, und die Literatur ist voll von Beispielen – einschließlich jenes von Ödipus –, in denen sie tragisch ausgegangen ist. Die Söhne gehen fort, brechen alle Brücken hinter sich ab und werden nie wieder gesehen. Doch manchmal (in den meisten Fällen, vermute ich) kommen sie von selbst zurück und schließen ihre Väter in die Arme. Auch dieser Ausgang ist uralt. Der Vater des verlorenen Sohnes könnte es Ihnen erzählen.

Mein sohn ist eine Mutter. Erwachsen, verheiratet, erstes Kind. Er und seine Frau sind ganztags berufstätig und glauben als moderne Eltern an Gleichberechtigung und gleiche Verantwortung in der Erziehung der Kinder. Der Sohn übernimmt seinen vollen Anteil an allem, was seine Tochter betrifft, und verbringt soviel Zeit mit dem Kind wie seine Frau. Ich nenne ihn eine »Mutter«, weil er alles tut, was früher überwiegend Mütter taten. Er füttert und wickelt das Baby, zieht es an und erzieht es, ermuntert, ermutigt, schützt, tröstet und liebt es in seinen Armen und in seinem Herzen. Ich bewundere ihn dafür.

Seine Tochter ist gerade ein Jahr alt. So weit, so gut. Aber da noch etliche Runden vor ihm liegen, dachte ich, ich sollte meinem Sohn vielleicht ein paar Ratschläge geben, was das Muttersein betrifft. Ratschläge für ihn, nicht für seine Frau. Sie weiß, was sie tut. Und ich habe gelernt, besser nicht zu versuchen, einer Frau zu erzählen, wie eine Mutter zu sein hat. Ich habe einige traumatische Erfahrungen auf diesem Gebiet. Ich will es Ihnen erklären.

Fünfundzwanzig Jahre meines Lebens war der zweite Sonntag im Mai ein Schreckgespenst für mich. Als Pfarrer meiner Gemeinde war ich verpflichtet, irgendwie auf das Thema Muttertag zu sprechen zu kommen. Es ließ sich nicht vermeiden. Ich habe das versucht. Wohlgemerkt, meine Gemeinde war eigentlich sehr aufgeschlossen und ließ mir auf der Kanzel stets freie Hand. Aber wenn es um den zweiten Sonntag im Mai ging, ließen sich die Erwartungen mit den Worten einer der freimütigsten Kirchgängerinnen zusammenfassen: »Ich komme am *Muttertag* mit meiner *Mutter* in die Kirche, Hochwürden, und Sie können predigen, worüber Sie wollen. Aber es muß unbedingt das Thema *Mutter* mit einbeziehen, und es muß unbedingt *gut* sein!«

Sie scherzte, zog mich auf. Aber sie meinte es auch ernst.

Jahr für Jahr bemühte ich mich um den richtigen Ton. Irgendwie schien es nicht viel zu zählen, eine Mutter gehabt und eine erkleckliche Anzahl Mütter gut gekannt zu haben. Ich war nie eine Mutter *gewesen*, was wußte ich also schon? Ich gab mein Bestes, ich schwöre es. Ich bemühte mich, ausgewogene, ausweichende Einerseits-andererseits-Predigten zu halten. Ich zitierte eine Menge namhafter Autoritäten, las einfühlsame Gedichte vor, vermied riskante Scherze und unverlangte Ratschläge. Doch nie verging der Sonntag, ohne daß die eine Hälfte der Gemeinde mich für scheinheilig hielt, weil ich nicht vorbehaltlos die Wahrheit über Mütter sagte, während die andere Hälfte mich für undankbar hielt, weil ich nicht vorbehaltlos sagte, wie wunderbar Mütter wirklich und in alle Ewigkeit waren. Was soll ein Pfarrer da machen?

(Nebenbei bemerkt, ist der Muttertag heute ein ökonomisches Großereignis geworden. Einhundertvierzig Millionen Grußkarten werden verkauft – darunter sehr wenig humorvolle. Und etwa sieben Milliarden Dollar werden für Geschenke ausgegeben und dafür, Mama zum Essen auszuführen. Sechzig Millionen Rosen müssen daran glauben, dazu unzählige Orchideen und Topfpflan-

zen. Die größten kommerziellen Geschäfte nach Weihnachten und Ostern. Und nur zur Weihnachtszeit machen die Telefongesellschaften mehr Profit. Der Muttertag ist ein mächtiger, nicht zu unterschätzender Wirtschaftsfaktor geworden.)

Aber rund um den zweiten Sonntag im Mai ballen sich noch andere Mächte zusammen – Mächte, die in unserer Erinnerung haften und für immer in unseren Herzen, Köpfen und Seelen verwahrt sind. Mächte von der ernsten Sorte. Der Muttertag ist bekanntlich keine Komödie.

An einem denkwürdigen Sonntag erklärte ich: Allen, die wundervolle Mütter haben oder wundervolle Mütter sind oder Mutterschaft im allgemeinen für einfach wundervoll halten, möchte ich gerne sagen: »Wie schön, wie wundervoll für euch.« Aber falls das auf euch nicht zutrifft...

Dann veranstaltete ich eine Art fiktives Quiz – ich stellte einige Fragen, ohne um Antwort zu bitten.

1. Wie viele von euch finden sich um den Muttertag herum von Scheinheiligkeit der übelsten Sorte umgeben?
2. Wie viele von euch können ihre Mutter wirklich nicht ausstehen – oder hassen sie sogar – oder hassen es, die Mutter zu sein, die sie sind?
3. Wie viele von euch können ihre Kinder nicht ausstehen oder hassen sie sogar?
4. Wie viele von euch kennen ihre Mutter eigentlich überhaupt nicht?
5. Für wie viele von euch ist der Muttertag ein eher schmerzliches Ereignis, insbesondere, wenn er mit Gedanken und Erinnerungen an Dinge verbunden ist wie Adoption, Abtreibung, Scheidung, Selbstmord, Zu-

rückweisung, Alkoholismus, Entfremdung, Mißhandlung, Inzest, Kummer, Verlust und mit Worten wie Stiefmutter, Schwiegermutter und mit unaussprechlichen obszönen Bezügen auf Mutterschaft?

Ich hätte noch mehr Fragen stellen können, aber in der Kirche war es sehr still geworden, als ich meine Fragen vorlas. Die Versammelten saßen ganz ruhig da, und es war klar ersichtlich, daß ich viel mehr Wahrheiten angesprochen hatte, als sie oder ich verkraften konnten. Ich hielt inne. Sah sie an, und sie sahen mich an. Es war ein gequälter Blick. Ich setzte mich, nicht auf den Predigtstuhl, sondern unten in eine Bank zu ihnen. Ich hatte genug gefragt, und es würde lange Zeit anhalten. An diesem Sonntag im Mai kam nicht viel Freude auf. Der kalte Frühlingsregen, der vor den Kirchenfenstern fiel, war auch nicht sehr hilfreich. Die ganze Wahrheit zur Sprache zu bringen war mir zunächst als gute Idee erschienen, aber jetzt...

Eine Besucherin, der »heilige Mutter« im Gesicht geschrieben stand, sprach mich nach der Kirche an: »Junger Mann, bessere Menschen als Sie sind direkt in die Hölle gekommen, weil sie weniger unterstellten, als was Sie heute morgen gesagt haben. Sie sollten sich schämen, schämen, *schämen*, weil Sie uns diesen Tag verdorben haben.«

Drum. Wie gesagt, ich bin ein gebranntes Kind, wenn es darum geht, von Mutterschaft zu sprechen. Vor allem zu Frauen. Wie meine Mutter oft erklärte, wenn etwas schiefging: Ich hab's doch nur gut gemeint.

Mit meinen sonntäglichen Verpflichtungen ist es nun vorbei, und meine Mutter liegt im Grab. Ich bewege mich auf festerem Boden, wenn ich meinem Sohn, der Mutter, einige Ratschläge gebe. Ratschläge auch für seinen älteren Bruder, der verlobt ist und dessen fruchtbarer Blick mir sagt, daß auch er nicht mehr weit von der Mutterschaft entfernt ist.

Nun also für meine Söhne ein paar mütterliche Gedanken von ihrem Vater:

1. Kinder sind keine Schoßtiere.
2. Das Leben, das sie tatsächlich leben, und das Leben, das ihr für sie im Auge habt, ist nicht dasselbe.
3. Nehmt nicht zu persönlich, was eure Kinder tun.
4. Führt keine Punktliste über sie – es ist besser, vergessen zu können.
5. Dreck und Unordnung sind eine Brutstätte für kindliches Wohlbefinden.
6. Bleibt ab der Pubertät aus ihren Zimmern.
7. Haltet euch aus ihren Freundschaften und ihrem Liebesleben heraus, sofern sie euch nicht von sich aus mit einbeziehen.
8. Seid nicht besorgt, wenn sie euch nie zuhören; seid besorgt, wenn sie euch ständig beobachten.
9. Lernt von ihnen; sie haben euch viel beizubringen.
10. Liebt sie lange Zeit; laßt sie frühzeitig los.

Zum Schluß noch eine Fußnote. Ihr werdet nie erfahren, wie ihr als Eltern wart oder ob ihr es richtig oder falsch gemacht habt. Niemals. Und ihr werdet euch euer Leben lang deswegen und eurer Kinder wegen grämen. Aber wenn eure Kinder Kinder haben und ihr die jungen Eltern betrachtet, werdet ihr eine Teilantwort darauf haben.

Während ich dies schreibe, naht wieder einmal der Muttertag. Ich darf nicht vergessen, meinem Sohn Blumen und eine Karte zu schicken.

Einem freund von mir mißfällt der Aufsatz *Alles, was du wirklich wissen mußt, hast du schon als Kind gelernt.* Er sagt, das sei ja soweit ganz nett, ginge aber nicht weit genug. Er meint, es müsse mehr als bloß »nett« sein.

Er hat recht. Ich habe Dinge gelernt – und lernen müssen –, die einem nicht schon im Sandkasten und Kindergarten beigebracht wurden. Die Lehrer und die Erwachsenen haben einem nichts von diesen Dingen erzählt. Oh, sie haben durchaus Bescheid gewußt, aber sie haben dir nie gesagt, daß sie es wußten. Du hast von selbst oder durch deine Freunde draufkommen müssen.

Die Urquelle dieser Informationen war die Schlange im Garten Eden. Ich spreche von der verbotenen Frucht am Baum der Erkenntnis. »Esset, so werden eure Augen aufgetan, und ihr werdet sein wie Gott«, flüsterte die Schlange. Davon essen bringt immer Ärger; aber nicht essen heißt, kein ganzer Mensch sein.

Die Gesamtheit dieser Erkenntnis hat zwei Teile: was ich lernte, bevor ich dreizehn war, und was ich heute weiß.

(Manches davon wollte ich wissen. Manches nicht. Wie meine Freundin Lucy es ausdrückt: »Nun, da ich erwachsen bin, wünsche ich manchmal, ich wüßte heute *genauso-wenig davon wie* damals.«)

Sex. Ich habe gelernt, daß Mädchen anders sind als Jungen, daß das Spiel »Ich zeig dir meins, wenn du mir deins zeigst« einen in ungeheure Ekstase versetzt, daß unanständige Wörter eine ehrfurchtgebietende Macht besitzen und daß Erwachsene durchdrehen, wenn du diese Wörter an Mauern schreibst.

Kriminalität. Ich habe gelernt, Geld aus dem Portemonnaie meiner Mutter nehmen und mir zu verbotenen Orten Zugang zu verschaffen – zu verschlossenen Schränken zu Hause oder zum Schulgebäude nach Schulschluß.

Und ich habe gelernt, daß man, ungeachtet dessen, was meine Mutter predigte, manchmal davonkam – man wird nicht immer erwischt.

Ferner lernte ich, manchmal, wenn ich doch erwischt wurde, zu lügen, weil sie mir zuweilen tatsächlich glaubten. Und wenn sie mir nicht glaubten, konnte ich sagen, ich wüßte nicht, warum ich es getan hatte. Manchmal haben sie das geglaubt. Aber wenn das Alibi versagte und sie mich bestraften, war es eigentlich nie so schlimm, wie sie vorher gedroht hatten. Und wenn ich die Konsequenzen sowieso ertragen mußte, konnte ich ebensogut Dinge tun, die den Ärger lohnten.

Hinterher reuig zu weinen war nützlich – es brach ihnen das Herz.

Gott. Egal, was sie sagten: Gott sieht dich nicht immer. Andererseits, wenn du wirklich inbrünstig zu ihm betest, wird Gott dich manchmal erhören und sogar ein Abkommen mit dir treffen. Du mußt vielleicht brav sein, um zu bekommen, was du willst, aber es könnte sich lohnen. *(Auf diese Weise habe ich in der dritten Klasse meine Lehrerin fast umgebracht. Ich betete, daß sie krank würde – und sie wurde es ein ums andere Mal.)*

Macht. Gewalt mag ja irgendwo auf der Welt nicht vor Recht gehen, doch in unserer Nachbarschaft hatten die großen Jungen immer das erste und das letzte Wort. Ich lernte, daß es manchmal nötig war, Menschen zu schlagen, um sie auf den rechten Weg zu bringen. Haben die Meinen mich nicht geschlagen? Die Grundregel ist klar: Hau stets einen, der kleiner ist als du.

Geschicklichkeit. Ich lernte, zwischen den Zähnen auszuspucken, daß es Spaß macht, mit Streichhölzern zu spielen, wie man beim Pokern mogelt, um zu gewinnen. Ich lernte, mich aus dem Haus schleichen, wo man einen Nachschlüssel machen lassen konnte und mit dem Wagen die Einfahrt auf und ab zu fahren, wenn niemand zu Hause war.

Und der *Tod.* Ich entdeckte nicht nur, daß Geschöpfe sterben können, sondern *ich* konnte sie töten – Käfer, Eidechsen, Würmer und Mäuse. Alte Leute starben, aber da ich nie alt werden würde, war ich unsterblich.

Was weiß ich heute?

Erstens, der letzte Punkt auf der Liste ist falsch. Ich bin erwachsen und alt genug geworden, um zu wissen, daß auch ich sterben werde. Ich bin Vater. Meine Kinder sind selbst im Kindergarten gewesen und haben ihre Bildung im Sandkasten und auf den Gassen und Hinterhöfen genossen. Obgleich mein älterer Sohn jetzt ein Mann ist, trennen uns nur dreiundzwanzig Jahre, und wir sind beide imstande, ohne große Verlegenheit über unsere jeweilige Kindheit zu sprechen. Er hat *erkannt*, was es mit der Schlange auf sich hat. Er erzählt mir alle Gemeinheiten, die er als Kind hinter meinem Rücken begangen hat, und ich erzähle ihm, was ich von seinen geheimen Taten alles wußte, jedoch ignoriert habe, weil ich nur noch zu gut wußte, was ich in seinem Alter alles getan hatte, und die Dinge lieber auf sich beruhen lassen wollte.

Vater oder Mutter zu sein, zwingt einen zu wohlwollender Scheinheiligkeit. Das bringt der Job so mit sich. Es ist tröstlich für uns beide, uns gegenseitig Geständnisse zu machen – das reinigt die Luft zwischen uns und läßt uns einander menschlich näherkommen.

Jetzt kommt der schwierige Teil dessen, was ich heute weiß: daß die Lektionen, die man als Kind lernt, schwer zu beherzigen sind, wenn sie sich nicht anwenden lassen. Es ist schwer, alles zu teilen und anständig zu sein, wenn man nichts zu teilen hat und das Leben an und für sich ungerecht ist. Ich denke an die Kinder auf dieser Erde, die die Welt durch Stacheldraht sehen, die in schmutzigem Gerümpel leben, das sie nicht verursacht haben und das sie nie aufräumen können. Sie waschen sich nicht die Hände vor dem Essen. Es gibt kein Wasser. Oder keine Seife. Und manche haben keine Hände zum Waschen. Sie wissen nichts von warmen Plätzchen und kalter Milch, sie kennen nur schale Abfälle und Hunger. Sie haben keine Decke, um sich darin einzuhüllen, und sie machen kein Mittagsschläfchen, weil es zu gefährlich ist, die Augen zu schließen.

Für sie gibt es keinen Kindergarten mit Fingerfarben und Kinderreimen, sondern nur die schmutzige Schule des harten Alltags. Sie lernen nicht von liebevollen, fürsorglichen Kindergärtnerinnen, sondern sie gehen durch die Lehre von Leid, Furcht und Elend. Wie alle Kinder auf der Welt erzählen sie sich Geschichten von Ungeheuern. Doch die ihren sind wahr – sie handeln von dem, was sie mit eigenen Augen gesehen haben. Im hellen Tageslicht. Wir wollen nicht wissen, was sie gelernt haben.

Aber wir wissen es.

Und es ist kein Kindergarten-Lehrstoff.

Aber die Grenze zwischen Gut und Böse, Hoffnung und Verzweiflung verläuft nicht zwischen »uns« und »ihnen«. Sie geht mitten durch jeden von uns.

Ich möchte nicht davon sprechen, was Sie über diese Welt wissen. Ich möchte wissen, was Sie zu *tun* gedenken. Ich möchte nicht wissen, was Sie *hoffen*. Ich möchte wissen, wofür Sie zu *arbeiten* gedenken. Ich möchte nicht Ihr Mitgefühl für die Nöte der Menschheit. Ich möchte Ihren körperlichen Einsatz. Wie der Wagenkutscher sagte, als sie an einen hohen, steilen Hügel kamen: »Wer weiter mit uns fahren will, steigt aus und schiebt. Wer das nicht will, steigt aus und verschwindet.«

SITZ STILL – SITZ doch still!« Die Stimme meiner Mutter. Wieder und wieder. Die Lehrer in der Schule haben es auch gesagt. Und ich habe es wiederum zu meinen Kindern und meinen Schülern gesagt. Warum sagen Erwachsene das? Ich kann mich an kein Kind erinnern, das jemals wirklich stillsaß, bloß weil irgendwelche Erwachsenen es sagten. Das erklärt, warum dem »Sitz still« oft ein *»Setz dich hin und halt den Mund!«* oder *»Halt den Mund und setz dich hin!«* folgt. Meine Mutter benutzte einmal beide Versionen nacheinander, und ich Klugscheißer fragte sie, was ich denn nun zuerst tun sollte – den Mund halten oder hinsetzen? Meine Mutter bedachte mich mit diesem Blick, der besagte, sie wisse, sie käme ins Gefängnis, wenn sie mich umbrächte, aber es könne sich womöglich lohnen. In so einem Augenblick sagt ein Erwachsener ganz leise, Silbe für Silbe: »Geh-mir-aus-den-Augen.« Jedes halbwegs gescheite Kind steht auf und geht. Dann bleibt die Mutter oder der Vater, je nachdem, ganz still sitzen.

Stillsitzen kann jedoch große Macht ausüben. Ich muß daran denken, weil wir heute den ersten Dezember haben, den Jahrestag eines Augenblicks, als jemand stillsaß und die Lunte an soziales Dynamit legte. An diesem Tag im Jahre 1955 war eine zweiundvierzigjährige Frau auf dem Weg von der Arbeit nach Hause. Sie stieg in einen Omnibus, bezahlte den Fahrpreis und setzte sich auf den ersten freien Platz. Ein gutes Gefühl, sich hinzusetzen – die Füße taten ihr weh. Während der Bus sich mit Fahrgästen füllte, wandte der Fahrer sich um und sagte ihr, sie solle aufstehen und nach hinten gehen. Sie saß still. Der Fahrer sprang auf und brüllte: *»Los! Los!«* Sie saß still. Die Fahrgäste murrten, beschimpften sie, schubsten sie. Sie blieb still sitzen. Darauf stieg der Fahrer aus, rief die Polizei, die schleppten sie fort, und sie ging ins Gefängnis und somit in die Geschichte ein.

Rosa Parks. Keine Aktivistin oder Radikale. Nur eine ruhige, konservative Kirchgängerin mit einer netten Familie und einem ehrbaren Job als Schneiderin. Entgegen aller wortreichen Auslassungen über ihren Platz im Strom der Geschichte ist sie nicht in den Bus gestiegen, weil sie auf Scherereien aus war oder etwas bekunden wollte. Sie hatte nichts im Sinn als heimzukommen, wie alle anderen auch. Sie war durch ihre Würde auf ihrem Sitz verankert. Rosa Parks wollte einfach für niemanden mehr ein »Nigger« sein. Und alles, was sie konnte, war stillsitzen.

Eine heilige Einfalt liegt darin, etwas nicht zu tun – und es gut nicht zu tun. Alle großen Religionsführer haben es getan. Buddha saß still unter einem Baum. Jesus saß still in einem Garten. Mohammed saß still in einer Höhle. Und Ghandi und King und Tausende andere haben Stillsitzen zu einem mächtigen Werkzeug sozialer Veränderung vervollkommnet. Passiver Widerstand, Meditation, Gebet – ein und dasselbe.

Es funktioniert sogar bei kleinen Kindern. Statt ihnen zu sagen, sie sollen stillsitzen, kann man selbst ganz still und ruhig sitzen. Nicht lange, und sie werden einem ihre Aufmerksamkeit widmen. Schüler im Klassenzimmer werden ebenfalls durch gelassene Stille des Lehrers gebannt. Sie wird zuweilen für große Weisheit gehalten.

Und Stillsitzen funktioniert bei Erwachsenen. Auf der Buslinie, mit der Rosa Parks zu fahren pflegte, können jetzt alle überall im Bus sitzen, wo sie wollen – Männer wie Frauen. Die Straße, wo man sie aus dem Bus gezerrt hat, wurde in Rosa Parks Avenue umbenannt.

Dieses eine Zeichen könnte eine neue Religion begründen. Die Zugehörigkeit wäre einfach. Man müßte sich nicht an einem bestimmten Tag an einem bestimmten Ort versammeln. Keine Hymnen, keine Rituale, keine Glaubensbekenntnisse, keine Prediger und keine wie auch immer gearteten Abendmahle. Man muß nichts weiter tun als stillsitzen. Du setzt dich einmal am Tag für eine Viertelstunde hin, hältst den Mund und bist still. Wie es deine Mutter dir gesagt hat. Erstaunliches könnte geschehen, wenn genug Leute dies regelmäßig täten. Jeder Stuhl, jede Parkbank und jedes Sofa würde zu einer Kirche.

Rosa Parks ist jetzt über siebzig, und wenn sie sitzt, dann meistens in einem Schaukelstuhl. Sie lebt still zurückgezogen bei ihrer Familie in Detroit. Die Gedenkfeiern und -reden anläßlich ihres »Sit in« sind noch immer zahllos, aber am besten ist der leibhaftige Gedenkakt in Gestalt von Millionen Menschen aller Hautfarben, die jeden Abend in Tausende von Omnibussen steigen, sich hinsetzen und in Frieden nach Hause fahren.

Wenn es tatsächlich einen Himmel gibt, dann habe ich keinen Zweifel, daß Rosa Parks hineinkommen wird. Und ich stelle mir gerne vor, wie sie sich bei dem Engel an der Himmelspforte meldet und er sie mit den Worten begrüßt: »Ah, Rosa Parks, wir haben dich erwartet. Mach's dir bequem – nimm Platz, wo du willst.«

WAS ICH ÜBER Blut sagen will, fängt mit Beigeln an. Ein Beigel paßt nicht ordentlich in einen elektrischen Toaster. Oder, wenn es hineingeht, kommt es nicht heraus – es sei denn, Sie bedienen sich eines Schraubenziehers. Diese Grundbedingung wurde hinreichend erprobt. Kürzlich. Sie müssen das Beigel halbieren, der Länge nach aufschneiden – die harte Methode. Auch das läßt sich nicht geziemend durchführen. Ein sehr scharfes Schlachtermesser und eine Kneifzange sind hilfreich. Aber nicht sehr. Wenn Sie sich ein Stück von Ihrem Finger abschneiden wollen, ist dies die ideale Gelegenheit.

Es ist normal, gleich den ärztlichen Notdienst rufen zu wollen, wenn man sich in den Finger geschnitten hat. Blut sieht nach Notfall aus. Aber sollten Sie Ihrer Panik irgendwie Herr werden, ist Ihnen vielleicht eine existentielle Erkenntnis gegönnt, wenn Sie stillstehen und ein bißchen in den Ausguß bluten. Sie werden an diesem Schnitt nicht sterben – Sie haben sich schon öfter in den Finger geschnitten. (Und es sind sowieso keine Pflaster in der Pflasterschachtel im Wäscheschrank. Die Kinder haben sie gebraucht, um Weihnachtsgeschenke einzupacken, als der Tesafilm alle war.) Beruhigen Sie sich. Durchatmen. Und bluten.

Sehen Sie, Sie werden nicht lange bluten. Ihr innerer Notdienst bewältigt das Problem auf erstaunliche Weise. Unterdessen haben Sie im Ausguß die allerschönste Farbe.

Ein Scharlachrot, wie Sie es in keiner Tube im Künstlerbedarfsgeschäft kaufen können. Und es ist hausgemacht. Was ihm außerhalb Ihres Körpers am nächsten kommt, ist Meerwasser. Als wir aus dem Meer heraufkamen, haben wir es in uns aufgenommen. Wir haben ungefähr fünf Liter von dem Zeug in uns, und wenn Sie einen halben Liter entnehmen und spenden, erzeugen Sie im Nu Ersatz – ohne auch nur daran zu denken. Sie brauen einfach noch ein bißchen Blut zusammen.

Es ist wie mit vielen anderen Dingen in und an uns: Je näher wir das Blut untersuchen, desto phantastischer, mysteriöser und wundersamer wird es. Es besteht zu fünfundfünfzig Prozent aus Flüssigkeit und fünfundvierzig Prozent aus festen Stoffen – roten Zellen oder Blutkörperchen, weißen Zellen und Blutplättchen. Allein von den roten Zellen gibt es fünfundzwanzig Trillionen; aneinandergereiht würden sie eine Kette ergeben, die dreimal die Erde umspannt. Dieses Blut wandert durch fünfundneunzigtausend Kilometer Gefäße in Ihrem Körper, es regelt Ihre Temperatur und transportiert Energie, Mineralstoffe, Hormone und Chemikalien an die richtige Stelle. Es tut das mit einer Tüchtigkeit, auf die alle öffentlichen Versorgungsbetriebe, einschließlich der Müllabfuhr, neidisch sind.

Sie haben jetzt aufgehört zu bluten. Ein Proteinkaskadeneffekt in sechzehn Schritten hat einen Damm errichtet und den Fluß versiegen lassen. Zum Zeitpunkt der Verletzung haben sich weiße Zellen angesammelt, um eine Infektion abzuwehren, andere Blutelemente haben bereits Reparaturmaterial herbeigeschafft, und die Heilung hat eingesetzt. Außerdem wurden Endorphine bereitgestellt, um den Schmerz zu mindern – es tut nicht richtig weh.

Wenn Sie nur fünf Minuten geduldig da stehenbleiben, wird all dies geschehen.

Ohne daß Sie etwas zu denken, zu planen, zu organisieren oder sich anzustrengen haben.

Es ist sehr schön, Ihr Blut.

Es ist sehr mächtig und tüchtig.

Es ist wert, daß man es achtet.

Es ist Leben.

Das steht fest.

(Ich sollte darauf hinweisen, daß Sie wohl eine Erklärung schuldig wären, wenn inmitten dieses Vorgangs ein Familienmitglied hereinkommen und das blutige Beigel, das Messer und die ganze Verwüstung in der Küche, den mit qualmendem Brotteig verstopften Toaster und Sie, der Sie glasigen Auges in den Ausguß starren, sehen sollte. Also erklären Sie es. Wenn der Schüler erscheint, ist der Lehrer vorbereitet.)

ASPIRIN. WIR WISSEN nicht genau, wie es wirkt. Wir wissen, was es bewirkt, aber wir wissen nicht, wie.« Das sagte mir ein medizinischer Forscher im Plauderton auf einer Abendgesellschaft. Moment mal. Dieser Bursche war Dr. phil. und Dr. med. zugleich, und er wußte nichts über Aspirin? Das war keine unverbindliche Plauderei mehr. Aber es stimmte, er wußte es nicht, und niemand sonst weiß es – nicht mal der als Arzt verkleidete Typ in der Fernsehwerbung. Ein großes Geheimnis, das schon lange Zeit besteht. Chinesische Ärzte haben es vor tausend Jahren verordnet. »Kauen Sie etwas Weidenrinde, und schicken Sie morgen wieder nach mir«, haben sie damals gesagt. Weidenrinde enthält Acetylsalicylsäure. Das ist Aspirin, was einfacher auszusprechen und leichter die Speiseröhre hinunterzubekommen ist als Weidenrinde.

Es hat etwas Tröstliches zu wissen, daß selbst jemand wie dieser Dr. phil. und Dr. med. bei etwas so Gewöhnlichem und Einfachem wie Aspirin passen muß. Das Geheimnis beginnt ganz nahe vor unserer Nase.

In meinem Arbeitstagebuch befindet sich eine alte Liste mit der Überschrift: »Gewöhnliche Dinge, über die wir nichts wissen.« Ich begann mit der Liste, als ich in einem Wissenschaftsmagazin las: »Wir wissen nicht, wie das Wasser aus der Erde durch den Stamm und dann zu den Blättern eines Baumes steigt.« Erstaunlich! Und ich hatte gedacht, wir hätten alles über Bäume erforscht.

So legte ich die Liste an. Jedesmal wenn ich von einem Experten las, der sagte, wir wüßten nichts von dieser oder jener gewöhnlichen Sache, kam es auf meine Liste.

Als nächstes kamen Brieftauben. Dann die normale Erkältung. Gefolgt von Haarausfall. Aber als ich in einem Physikkurs von Heisenbergs Unschärferelation las, wurde mir klar, daß meine Liste vergebliche Mühe war. Elektronen sind überall, und wir wissen nicht nur *nicht*, ob sie eine Welle oder Teilchen sind, sondern wir *können* es nicht wissen. Wenn schon Elektronen ein Problem sind, dann ist alles andere auch ein Problem.

Also legte ich eine neue Liste an. »Anzeichen kosmischer Defekte« lautet die Überschrift. Die Informationen über Elektronen wiesen auf eine grundsätzliche Unordnung hin. Beispiel: Die Erdachse läuft etwa zweiundzwanzig Meter am Erdmittelpunkt vorbei. Also schlingert die Erde ein wenig, wie ein Kreisel, der sich etwas schief um seine Achse dreht. Just in diesem Moment schlingern wir alle ein kleines bißchen. Wenn Ihnen manchmal ohne besonderen Grund übel ist, liegt es vielleicht an der Schlingerei.

Nun haben wir gelernt, daß die Erde ganz sachte langsamer wird, weshalb wir an den Uhren herumfummeln und von Zeit zu Zeit ein Schaltjahr einfügen müssen – und wir wissen, warum das so ist. Aber das Schlingern? Ein Haufen Theorien, aber niemand kann es erklären. Kosmischer Defekt.

Die Wissenschaft tut solche Dinge gerne als unerhebliche Abweichung ab. Auf fast jedem Forschungsgebiet hat es immer eine beständige kleine Inkonsistenz gegeben. Der Defekt. Und es war stets einfacher, ihn in eine Gleichung einzubauen und unberücksichtigt zu lassen, als zu versuchen, ihn zu erklären.

Es ist wie das Wissen, daß, egal wie sorgfältig Sie Ihre Mehlschwitze anrühren, sich in der Mischung immer mindestens ein kleiner Klumpen trockenen, ungekochten Mehls versteckt. Nach ein paar Jahren lernt man, mit dem Klumpen zu rechnen, sich mit ihm abzufinden und anzunehmen, er gehöre einfach dazu. Aber das Interessante daran ist, wie sich herausstellt, das *Warum*.

Plötzlich interessiert sich die Wissenschaft nämlich sehr für Ihre Mehlschwitze. Dieses Erscheinungsmuster, zu dem offenbar immer der unvermischte Klumpen gehört, ist zum Thema der sogenannten »Chaos-Theorie« geworden, der bedeutendsten Verschiebung im wissenschaftlichen Denken seit Einsteins kleiner Formel.

Die Chaos-Theorie beschäftigt sich mit der Erforschung des kosmischen Defekts. Und den Defekt gibt es auf jedem Wissenschaftsgebiet und in jedem Erfahrungsbereich. Die Chaos-Theorie behauptet, es handele sich nicht um ein Problem kleinerer Abweichungen, sondern ungenügender Erkenntnis. Das Existenzmuster erweist sich als weit komplexer und komplizierter, als wir dachten – auf jeder Ebene.

Die Chaos-Theorie hat die Forscher zu den ganz einfachen, alltäglichen Dingen zurückgeführt – zur Formation der Wolken, dem Mischen von Farben, dem Verkehrsstrom, der Verbreitung von Krankheiten und dem Gefrieren von Wasser in Rohren. Die Zyklen von Erdbeben und der Ausbruch von Vulkanen sind ebenfalls Gegenstand der Chaos-Theorie, die heutzutage sehr wichtig ist, wenn man etwa in Kalifornien oder im Cascade-Gebirge lebt. Das Problem des Chaos durchdringt jede uns bekannte Aktivität.

Die Sprache, die zur Benennung des kosmischen Defekts verwendet wird, ist selbst entsprechend defekt. Als ich an der 155. Versammlung des Amerikanischen Verbands für den wissenschaftlichen Fortschritt in San Francisco teilnahm, hörte ich auf dem Gebiet der Chaos-Theorie Diskussionen über Themen wie »Fraktales Betasten«, »fremde Attraktoren«, »Baumelbanddefekte«, »Falttuchdiffeomorphismen«, »Edenwachstum«, »Glattnudelkarten« und »Gittertiere«. Es gibt noch mehr poetische Wortschöpfungen und Metaphern in der Chaos-Theorie, und ich glaube, das ist so, weil wir von etwas sprechen, das so weit jenseits der Grenze des für uns noch Erfaßbaren und Begreifbaren liegt, daß wir, wenngleich wir eine enorme Wahrheit spüren, über keine sprachlichen Symbole verfügen, um das, was wir spüren, entsprechend zu formulieren.

Deshalb nennen wir es Chaos-Theorie. Mit »Chaos« meinen wir schlicht, was wir nicht verstehen können.

Es ist, als wären wir die größte, älteste und etablierteste Ameisenkolonie in Chicago. Und hin und wieder wandern die gescheitesten Ameisen zusammen hinaus und werfen einen Blick auf Chicago – beziehungsweise auf das, was sie davon sehen können. Je weiter sie sich vom Ameisenhaufen entfernen, um so mysteriöser scheinen ihnen die Dinge. Neulich standen sie zufällig in einem ehemals ruhigen Bezirk ihres Universums, als ein ungeheures Beben, eine riesige Finsternis und ein mächtiger Sturm einsetzten. Sie hatten etwas Derartiges nicht vorausgesehen. Sie spürten, daß etwas Unvorstellbares vorging. Und als sie zum Ameisenhügel zurückkehrten, berichteten sie von einem neuen Zustand des Universums, der eine Revision ihres Weltverständnisses erzwang. Einige wollten es Chaos nennen. Einige wollten es Mysterium tremendum (bebendes Mysterium) nennen. Andere waren für Rückschlag des Urknalls. Der Zorn Gottes wurde ebenfalls vorgeschlagen. Eine neue Wissenschaft – ein neues Kapitel im Großen Buch des Seins. Sie konnten nicht wissen, daß sie auf ein selten benutztes Rangiergleis geraten waren, als ein Güterzug vorbeifuhr.

Die schlechte Nachricht ist: Die Ameisen werden Chicago nie begreifen. Die gute Nachricht ist: Sie spüren, daß sie sich inmitten von etwas unendlich Wunderbarem befinden, und je mehr sie es zu verstehen versuchen, desto erstaunlicher erscheint es ihnen. Es liegt wohl in der Natur der Ameisen, ständig loszuziehen und die Grenzen des Bekannten zu verschieben, bis sie an eine neue Grenze stoßen. Benennen, was dahinter liegt, hilft anscheinend zu erfassen, was nicht zu verstehen ist. Das ist die Methode der Ameisen.

Die Chaos-Theorie zielt auf die Erforschung des Fortschritts – dessen, was nicht stillsteht. Die Erforschung dessen, was noch im Werden begriffen ist, statt dessen, was ist.

Die Chaos-Theorie liegt mir. Es freut mich zu wissen, daß, ganz gleich, was ist, diese kosmische Unordnung besteht – ein unerklärlicher Schluckauf in der Ordnung, die wir wahrzunehmen glauben, eine unvorhersehbare, sich wandelnde Neigung der Dinge, ein Defekt im Getriebe, der Mysterien und Wunder im Mittelpunkt des Seins verankert. Und daß das Aspirin, das ich in der Hand halte, und die Wolken über mir den Experten so mysteriös bleiben wie mir.

Chaos. Damit kann ich etwas anfangen. Mein Leben ist die meiste Zeit ein Chaos. Ich bin im Einklang mit dem Universum. Da fühle ich mich zu Hause.

Ich habe über tausendmal Hochzeit gehalten. Nahm als Pfarrer eine Menge Trauungen vor, und fast immer habe ich dabei so sehr mitgefiebert, daß ich das Gefühl hatte, ich sei derjenige, der heiratet. Trotzdem freue ich mich jedesmal wieder darauf, denn die meisten Hochzeiten sind regelrechte Komödien.

Nicht, daß sie als solche beabsichtigt wären. Aber da es sich bei Hochzeiten um regelrechte Staatsaffären handelt, in die ziemlich überforderte und gestreßte Amateure verwickelt sind, geht immer etwas schief. Hochzeiten scheinen Pannen und irgendwelche Verrücktheiten, die im hintersten Winkel jeder Familie lauern, wie magnetisch anzuziehen.

Ich will Ihnen die typische Hochzeitsgeschichte erzählen. Eine Katastrophe. Erstaunlicherweise nimmt sie ein gutes Ende, obwohl Sie dies zunächst bezweifeln werden, so wie ich es seinerzeit auch getan habe.

Die Hauptrolle in diesem Drama spielte die Mutter der Braut (MDB). Nicht Braut und Bräutigam oder der Pfarrer. Mutter. Normalerweise ein höfliches, vernünftiges, intelligentes und normales Wesen. Seit für ihre Tochter das Aufgebot bestellt war, war Mutter übergeschnappt. Ich meine nicht, daß sie unglücklich war, wie es oft der Fall ist. Im Gegenteil. Sie war von Freude überwältigt. Und fast wäre es ihr gelungen, alle anderen mit ihrer Freude zu überwältigen, bevor sich der Staub legte.

Niemand wußte es, aber die Dame hatte ein Drehbuch für einen Film in petto, das Hollywood begeistert hätte. Eine königliche Hochzeit, einer Prinzessin würdig. Und da es ihr Geld war, konnte man sich dem schwerlich entziehen. Der Vater der Braut betete, seine Tochter möge durchbrennen. Seine Gebete sollten nicht erhört werden.

Mutter hatte sieben Monate Zeit für die Hochzeitsvorbereitungen, und nichts wurde dem Zufall oder menschlichem Irrtum überlassen. Alles, was sich mit Monogrammen versehen ließ, erhielt ein Monogramm. Teegesellschaften, Partys zur Überreichung der Hochzeitsgeschenke und Abendempfänge wurden veranstaltet. Mit Braut und Bräutigam kam ich nur dreimal zusammen. Die MDB rief mich jede Woche an, und sie war so oft in meinem Amtszimmer wie die Reinemachefrau. *(Der Partyservice rief mich an und fragte, ob er wirklich eine Hochzeit ausrichten sollte oder eine Invasion. »Eine Invasion« erklärte ich.)*

Ein Achtzehn-Mann-Blasorchester wurde engagiert. *(Die Kirchenorgel genügte einfach nicht – das wäre zu »kirchlich« gewesen).* Die Wunschliste der Braut lag in Geschäften weit östlich bis New York und weit südlich bis Atlanta auf. Nicht nur die Kleider der Brautjungfern wurden in Auftrag gegeben, auch die Smokings für den Bräutigam und die Trauzeugen wurden gekauft. Nicht geliehen, o nein. Gekauft. Als wäre das alles noch nicht genug, wurde der Trauring dem Juwelier zurückgegeben, damit er einen größeren Stein einsetzte. Heimlich von der MDB bezahlt. Wenn ich sage, die Dame war übergeschnappt, dann meine ich *übergeschnappt*.

Im Rückblick scheinen mir die Probe und das Essen am Vorabend des großen Ereignisses nicht unähnlich dem, was in der Nacht vor Waterloo in Napoleons Lager geschah. Nichts war dem Zufall überlassen worden. Nichts konnte den Sieg am nächsten Tag verhindern. Niemand würde diese Hochzeit *je* vergessen. *(Genau wie niemand Waterloo je vergaß. Aus demselben Grunde, wie sich später zeigte.)*

Das Schicksal nahm seinen Lauf, und die große Stunde nahte. Gäste im Feststaat drängten sich in der Kirche. So viele Kerzen brannten, daß sie die Nacht zum Tag hätten machen können. Auf der Chorempore blies das Orchester grandiose Musik. Und die großmächtige MDB rauschte mit der Grandezza einer Operndiva bei der Premiere durch den Mittelgang. Nie hat eine Brautmutter mit größerer Befriedigung ihren Platz eingenommen. Sie hatte es geschafft. Sie glühte, strahlte, lächelte und seufzte.

Die Musik wurde leiser, und neun – sage und schreibe neun – in Chiffon gehüllte Brautjungfern schritten im Gänsemarsch den langen Gang entlang, während der festlich gewandete Bräutigam und die Trauzeugen gelassen an ihre Plätze marschierten.

Endlich, ach endlich verkündete das Orchester mit brausendem Hochzeitsmarsch den Einzug der Braut. Ihr voran schritten vier kleine Prinzessinnen, die eifrig Blütenblätter streuten, und zwei winzige Ringträger – für jeden Ring einer. Die Versammlung erhob sich und drehte sich erwartungsvoll um.

Ah, die Braut! Sie war stunden-, wenn nicht tagelang angekleidet worden. Sie hatte kein bißchen Adrenalin mehr übrig gehabt. Und dann, als sie, während der Einmarsch der Brautjungfern kein Ende nahm, allein mit ihrem Vater im Vestibül der Kirche gewartet hatte, war sie die mit Leckereien beladenen Tische entlanggeschlendert und hatte geistesabwesend zuerst von den kleinen rosa, gelben und grünen Minzbonbons genascht. Dann machte sie sich über die Silberschalen mit der Nußmischung her und vertilgte die Pekannüsse. Es folgten ein, zwei Käsebällchen, etliche schwarze Oliven, eine Handvoll glasierte Mandeln, ein Würstchen, in dem ein verzierter Zahnstocher steckte, mehrere mit Speck umwickelte Shrimps und ein dick mit Leberpastete bestrichener Cracker. Zum Hinunterspülen – ein Glas rosa Champagner. Ihr Vater hatte es ihr gegeben. Um ihre Nerven zu beruhigen.

Was einem auffiel, als die Braut auf der Türschwelle stand, war nicht ihr weißes Kleid, sondern ihr weißes Gesicht. Denn was da den Gang entlangkam, war eine lebendige Granate unmittelbar vor der Detonation.

Die Braut übergab sich.

Just als sie an ihrer Mutter vorüberschritt.

Und mit »übergeben« meine ich nicht ein höfliches, kleines, damenhaftes Bäuerchen in das Taschentuch. Sie kotzte. Es gibt einfach kein feines Wort dafür. Ich meine, sie besudelte den vorderen Altarraum – und traf zwei Brautjungfern, den Bräutigam, einen Ringträger und mich.

Ich weiß die Einzelheiten ganz genau. Wir haben alles auf Video. Mit drei Kameras aufgenommen. Die MDB hatte an alles gedacht.

Nachdem die Braut ihre Hors d'œuvres, ihren Champagner und den Rest ihrer Würde von sich gegeben hatte, sank sie ermattet in die Arme ihres Vaters, während ihr Bräutigam sich verdattert auf die Erde setzte, wo er gestanden hatte. Die Brautmutter aber wurde ohnmächtig und fiel wie eine Stoffpuppe in sich zusammen.

Daraufhin hatten wir vorn in der Kirche eine Feueralarmübung, die nur von den Marx Brothers hätte übertroffen werden können. Trauzeugen hasteten heroisch umher, kleine Prinzessinnen mit Blumenkörben in den Händen kreischten, Brautjungfern schluchzten, und Leute mit schwachen Mägen strebten dem Ausgang zu. Alldieweil das Orchester nichtsahnend weiterspielte. Die Braut war nicht nur eingetreten, sie war auch weggetreten – weggetreten in einen anderen Bewußtseinszustand. Der Geruch nach frisch Erbrochenem zog durch die Kirche und vermischte sich mit dem Duft tropfender Kerzen. Napoleon und Waterloo brachten sich in Erinnerung.

Man sah nur zwei Personen lächeln. Die eine war die Mutter des Bräutigams. Die andere war der Vater der Braut.

Und wir? Nun, wir sind ins wahre Leben zurückgekehrt. Die Gäste wurden, bis es weiterging, ins Vestibül gebeten, allerdings aßen und tranken sie nicht so viel, wie sie es unter anderen Umständen vielleicht getan hätten. Die Braut wurde getröstet, gesäubert, mit dem Kleid einer Brautjungfer ausgestattet und von dem wiederbelebten Bräutigam viele Male umarmt und geküßt. *(Dafür wird sie ihn immer lieben. Als er später »in guten wie in schlechten Tagen« sagte, meinte er es ernst.)* Die Gäste wurden wieder hereingerufen, eine einzelne Flöte spielte eine leise Weise, das Ehegelöbnis wurde gesprochen und die Trauung vollzogen. Alles weinte, wie man es bei Hochzeiten von den Leuten erwartet, die meisten deshalb, weil der Bräutigam die Braut während der ganzen Zeremonie in den Armen hielt. Und nie hat ein Bräutigam seine Braut zärtlicher geküßt als er.

Insoweit man von einer Hochzeit hoffen kann, daß man immer an sie denken wird, war diese ein stürmischer Erfolg. *Niemand*, der dabei war, wird sie *je* vergessen.

Und sie lebten fortan glücklich und vergnügt, wie es alle tun – das heißt, glücklicher sogar als viele andere –, und sie sind jetzt ungefähr zwölf Jahre verheiratet und haben drei muntere Kinder.

Doch damit ist die Geschichte nicht zu Ende. Der beste Teil kommt noch. Am zehnten Jahrestag dieser katastrophalen Begebenheit wurde eine Party gefeiert. Drei Fernsehgeräte wurden aufgestellt, ein Festmahl arrangiert, die besten Freunde eingeladen. *(Sie erinnern sich, drei Videokameras waren damals vor Ort dabeigewesen, und so wurden nun alle drei Filme auf einmal gezeigt).* Es wurde ein heiteres Spektakel, vor allem mit dem laufenden Kommentar und dem ständigen Anhalten und Weiterspielen, das sonst, wenn nur ein einziges Video gezeigt wird, oft etwas schwerfällig wirkt. Jubelrufe wurden laut, als die Kamera das Grinsen im Gesicht des Brautvaters festhielt, während er seine wieder zu sich kommende Gemahlin betrachtete.

Der Grund, warum ich dies als den besten Teil des Ganzen betrachte, hat nichts mit der Party zu tun. Sondern mit der Person, die sie arrangiert hat. Natürlich. Die unrühmliche MDB. Mutter ist immer noch aktiv, aber sie ist heutzutage viel gelassener. Sie hat nicht nur ihrem Ehemann und allen anderen ihre Rolle bei dem Debakel verziehen, sie hat auch sich selbst verziehen. Und niemand hat mehr über den Film gelacht als sie.

Es gibt ein Wort für das, was sie tat. Würde.

Und das ist der Grund, weshalb derselbe grinsende Mann seit vierzig Jahren mit ihr verheiratet ist. Und warum ihre Tochter sie noch immer liebt.

HEUTE HAT MAN es als »die große Umarmungsplage« in Erinnerung. Sie brach in den siebziger Jahren in unserer Kirchengemeinde aus – in jener Zeit, als jedermann lieben der Weg war, die Welt ein für allemal in Ordnung zu bringen. Die Sonntagmorgenbegrüßungsgruppe fing damit an. Sie beschloß, jeden einzelnen zu umarmen, der zur Türe hereinkam. Jeder sollte sich auf Anhieb geliebt und willkommen fühlen. Man wollte es einfach ein paar Sonntage lang ausprobieren und sehen, wie es lief. Aber die Dinge nahmen ein wenig überhand.

Manchmal standen an einem Sonntagmorgen sechs Personen im Vorraum der Kirche parat, um alles zu umarmen, was sich bewegte. Die Begrüßungsgruppe trug sogar Schilder um den Hals mit Aufschriften wie: *Anerkannter Umarmer, Umarmer im Großen, Umarme mich* und *Gott liebt fröhliche Umarmer*. Sie dachten, ein bißchen Lockerheit würde das Räderwerk gesellschaftlichen Umgangs schmieren und dem Umarmen zum Siegeszug verhelfen.

Wie gesagt, es nahm überhand. Wenn das Geschäft schleppend war, umarmten die Umarmer sich gegenseitig, um in Übung zu bleiben. Einige umarmten ein, zwei Stühle, und sogar der Hausmeister wurde umarmt, als er verschütteten Kaffee aufputzen wollte. Ein streunender Hund schlenderte herein und wurde umarmt, ebenso mehrere Leute, die die nahegelegene Methodistenkirche suchten und versehentlich hereinkamen. Ich hörte, daß jemand sogar die Kaffeemaschine umarmte – sie war warm und gab tröstliche Laute von sich, also umarmte er sie. Es ging das Gerücht, daß einige Pfarrkinder nur kamen, um umarmt zu werden, und wieder heimgingen, ohne den Gottesdienst besucht zu haben. Umarmungssüchtige. Es wurde eine Epidemie. Die große Umarmungsplage.

Nicht jeder wollte umarmt werden. Ein ruhiges, zurückhaltendes Gemeindemitglied schrieb einen Brief an mich und den Vorstand. Er habe eine Aversion gegen Umarmungen. Er wolle andere nicht davon abhalten, aber ihm mache es angst, jubelnd überfallen zu werden, wenn er zur Kirche komme. Er habe versucht, durch die Küchentür hineinzuschleichen, aber selbst der Koch sei von der Manie befallen gewesen und habe ihn nicht nur umarmt, sondern ihm dabei auch noch Hühnerbouillon über den Anzug geschüttet. Er schrieb, in dem morgendlichen Gedränge habe man ihm die Brille heruntergeschlagen und sei ihm auf die Zehen getreten und er fühle einen gesellschaftlichen Zwang – wenn er sich einem Umarmer ergebe, müsse er auch alle anderen umarmen. Er schrieb, er habe Angst, die Toilette aufzusuchen, wenn sich Umarmer dort aufhielten.

Aber er hat sich nicht nur beschwert. Er wartete mit einigen konstruktiven Vorschlägen auf. Wie wäre es mit einem zweiten Eingang für Leute, die nur »Hallo« sagen oder Hände schütteln wollten, wenn sie in die Kirche kamen. Oder mit einem Warnschild zum Anstecken – eine Silhouette sich umarmender Menschen mit einem roten Querstrich.

Darüber hinaus schlug er vor, für diejenigen, die von der Umarmungssucht loskommen wollten, eine Therapiegruppe einzurichten, die sich *Au!* – Anonyme Umarmer –

nennen sollte. Vielleicht, meinte er, könnten wir T-Shirts mit der Aufschrift NICHT UMARMEN oder UNBERÜHRBAR oder UNREIN oder dergleichen anbieten.

Er schrieb, er habe nur eine Möglichkeit gesehen, die Umarmer abzuwehren, nämlich mit dem Daumen im Mund durch die Türe zu gehen. Die Umarmer wüßten nicht recht, wie sie damit umgehen sollten. Er habe auch schon daran gedacht, vielleicht einen aufgespannten Regenschirm oder ein Kind mit einer Rotznase bei sich zu tragen.

Während der Vorstand und ich noch eine Antwort auf diese Sorgen ausarbeiteten, da traf uns bereits die erste Welle einer neuen Plage der hemmungslosen Küsserei. Anscheinend hatte jemand die episkopalische Kirche besucht, wo es diesen Brauch des Friedenskusses gab, bei dem man sich an den Händen hielt, das Dankgebet sprach, sich dann umdrehte und die Leute auf die Wange küßte. Großartige Idee! Unsere Umarmer waren alle dafür, endlich einen Schritt weiterzugehen und am Ende des Gottesdienstes Händehalten und Friedensküsse einzuführen. Natürlich probierten sie es an einem Sonntagmorgen ohne Vorwarnung aus. Jenen Sonntag werde ich nie vergessen, das kann ich Ihnen sagen. Ich vermute, wir waren nicht so recht vorbereitet auf unvorhergesehene Küsse, sei es um des Friedens oder um sonst etwas willen.

Der Gemeindevorstand sprach viel länger als beabsichtigt über das Umarmen und Küssen. Wegen eines lecken Dachs im Altarraum zu einem Beschluß zu kommen schien im Vergleich dazu simpel. Und ich fühlte mich genötigt, das ganze Thema öffentlicher Liebesbekundigungen in einer dieser Wischi-waschi-einerseits-andererseits-Predigten zur Sprache zu bringen, nach denen ich genauso konfus war wie die Gemeinde. Uff!

Inzwischen sind die siebziger Jahre längst wieder vergangen. Militante öffentliche Liebesbekundungen sind aus der Mode. Die Leute in jener Kirchengemeinde umarmen sich nach wie vor, aber sie tun es jetzt sorgsamer. Es ist wichtig, die Verschiebung zu erkennen. Der Zweck der Umarmung hat sich geändert. Während sie einst die Befreiung des Umarmers zum Ausdruck brachte, macht sie heute offenbar, daß einem an dem Umarmten liegt. Eine Verschiebung vom Nehmen zum Geben. Eine Verschiebung vom Sieh-mich-an zu Ich-sehe-dich. Eine Verschiebung von der Egozentrik zum Altruismus. Das begreift man vielleicht nicht, indem man zwei Leute beobachtet, die sich umarmen. Man muß schon seine Arme um jemanden legen, um es zu verstehen.

DIE GANZE ERNTEDANKGESCHICHTE war pure Lüge!« beklagt sich eine frühere Schülerin von mir am Telefon. Sie ruft vom College aus an, wo sie die neueste Revision des amerikanischen Geschichtsbilds verpaßt bekommt. Bis zur High School hatte sie an der amerikanischen Erntedankgeschichte festgehalten, wie sie sie in der fünften Klasse aufgeführt hatten.

Sie spielte damals in einem bodenlangen Velournachthemd Pocahontas, die hinreißend schöne Indianerprinzessin, und heiratete später den großen, hübschen blonden Jungen, der Miles Standish spielte. Er sah prachtvoll aus mit dem großen Hut aus schwarzer Pappe, den mit Sprühfarbe silbern gefärbten Turnschuhen und einem gekräuselten schwarzen Schnurrbart, der von dem Melodram, das die Klasse im Oktober aufgeführt hatte, übriggeblieben war. Er war zudem mit einer Plastikmaschinenpistole bewaffnet, die dem Festspiel eine gewisse Spannung verlieh, da man sah, daß es sich in Wirklichkeit um eine mit Preiselbeersaft gefüllte Wasserpistole handelte.

In dieser Fünftkläßlerversion der Geschichte unserer Vorfahren nahmen die Pilgermütter und -väter den Indianern gegenüber an einer langen Reihe Klapptische Platz. Die Indianer waren an den Truthahnfedern in den Haaren und dem Lippenstift auf Gesichtern und Armen zu erkennen. Alle senkten die Häupter zum großen Erntedankgebet und aßen dann Sandwiches mit kaltem Truthahnfleisch, die sie mit Limonade hinunterspülten. Sie sangen die alte Erntedankhymne »Home on the Range«, danach gab es Eiskremriegel und Lakritze. Dann gingen alle in der Pause nach draußen, und die Pilgerväter verdroschen die Indianer beim Seeräuberspielen nach Strich und Faden.

Das war der Beginn des Erntedankfestes, wie wir es heute kennen. Die fünfte Klasse konnte daran glauben und für das Ganze entsprechend dankbar sein.

Aber ach, in der High School sagte man meiner jungen Freundin, nein, so sei es gar nicht gewesen. Die Pilgerväter seien sehr prüde, rechtsgerichtete Puritaner gewesen – faschistische, bigotte Menschen, die nicht nur grob mit Indianern, sondern auch miteinander grob umgesprungen seien. Die Pilgerväter seien gegen Vergnügungen gewesen und hätten die Freizeit meistens in der Kirche verbracht, wo sie nicht mal sangen. Manchmal hätten sie Menschen wegen Hexerei verbrannt, und sie seien gegen Wissenschaft, Bildung, Tanzen, Schokolade, Tabak und Tändeleien zwischen Mädchen und Jungen gewesen. Kein Radio, kein Fernsehen, kein Rock'n'Roll, keine Drive-in-Restaurants. Nur Kirche und harte Arbeit. Meine junge Freundin verachtete diese Pilgerväter und hatte sich einmal sogar geweigert, mit ihren Eltern ein Erntedankmahl zu essen, weil das nur geheißen hätte, das fleischgewordene Böse zu feiern.

Doch jetzt ist sie auf dem College, und wir haben 1988, und sie ist aufgebracht über all die Lügen, die man ihr erzählt hat. Sie weiß jetzt, daß die Pilgerväter nicht immerzu schwarz gekleidet waren; sie kamen nicht, um Amerika zu gründen; und sie waren weder Kommunisten noch Faschisten, sondern Rebellen, die von zu Hause fortliefen, um zur Kirche gehen zu können, wie, wann und wo sie wollten. *(Genau wie meine junge Freundin.)* Sie tranken Wein, aßen gut, wenn sie etwas hatten, rauchten, schliefen miteinander... und die jungen Puritaner legten sich angezogen zusammen ins Bett, zwischen sich ein Brett, und das konnte jeder Teenager umgehen. Dann bauten die Pilgerväter die Harvard-Universität, wo meine junge Freundin jetzt ist und wo die guten Pilgerväter-Traditionen bis heute fortgeführt werden. *(»Allerdings haben wir heute kein Brett im Bett«, sagt sie.)*

Überdies feierten die Pilgerväter kein Erntedankfest und sprachen kein großes Gebet. Sie haben sich lediglich die Bäuche vollgeschlagen, weil sie so hungrig waren. Und es kamen auch keine Verwandten aus der Stadt vorbei; die Pilgerväter waren nach Amerika *herüber*gekommen, um von ihren Verwandten *weg*zukommen – von denen in England, die wollten, daß sie die richtige Kirche besuchten. Mit dieser Version von den Pilgervätern kann meine junge Freundin etwas anfangen – das waren Leute nach ihrem Geschmack.

O ja, und was die Indianer angeht – sie feiern auch kein Erntedankfest. Einmal war wahrlich genug. Seit jenem Mahl mit den Pilgervätern hatten sie nichts als Ärger und nicht genug zu essen. Meine junge Freundin studiert die Kultur der amerikanischen Ureinwohner – ein moderner Kurs, der jedes Halbjahr flügge Schamanen entläßt.

Dies ist nur eine kurze Zusammenfassung eines viel längeren Telefongesprächs am Erntedanktag. Meistens war sie einsam dort in New England. Wie einst die Pilgerväter, nehme ich an.

Sich mit Collegestudenten zu unterhalten ist immer aufschlußreich – es ist schön zu erfahren, was die junge Generation bewegt. Es stimmt, die Geschichte ist verwirrend. Und meine junge Freundin wird mit noch mehr Versionen der Erntedankfestgeschichte und der ganzen übrigen Menschheitsgeschichte Bekanntschaft machen, bis sie langsam ein klares Bild bekommt. Ihr Gefühl, daß die Pilgerväter ihr sehr ähnlich waren, ist ein Fortschritt. Ich vermute, sie waren es wirklich.

Und ich – nun ja, meine Version ist, was immer an jenem Herbsttag 1621 geschehen, was immer den Pilgervätern an jenem Abend durch den Kopf gegangen sein mag, als sie ihre Häupter zum Schlafen gebettet haben – es war wohl nicht viel anders als das, was mir jedes Jahr am Ende des Festes durch den Kopf geht:

»Lieber Gott, ich bin froh, daß es vorbei ist... wir haben alle wieder zuviel gegessen... aber niemand hat Schaden genommen... jetzt ist es still, und wir haben es alle warm und trocken und einen guten Platz zum Schlafen... das Leben geht weiter... und für heute ist es nicht nur genug, es ist gut so... und ich, ich sage Dank.«

Unitarierpriester werden oft gebeten, gemischtgläubige Eheschließungen vorzunehmen. »Mischehe« ist der gebräuchliche Ausdruck dafür. Aber krasse Unterschiede der Religionen sind meistens nicht alles, was da mitspielt.

Jede Hochzeit, bei der die Braut oder der Bräutigam jemanden von außerhalb der von der Rasse oder sozialen Schicht bestimmten Familiengrenzen heiratet, ist »gemischt«. Wird man gebeten, eine solche Eheschließung vorzunehmen, so heißt das zwei Menschen vereinen, die ein Minenfeld zu überqueren versuchen, ohne in die Luft zu fliegen.

Das Paradebeispiel hierfür ist die Hochzeit einer ganz reizenden jungen Frau aus Brooklyn. Riesige Familie. Von polnischen Einwanderern abstammend. Und jüdisch. Ihr großer, dunkler, gutaussehender Verlobter kam aus Detroit. Ebenfalls eine riesige Familie. Ebenfalls von Einwanderern abstammend, aber von irischen. Und römisch-katholisch. Zur Familie der Braut zählten ein Rabbi und ein Kantor; die andere Familie hatte etliche Priester und eine Nonne vorzuweisen. Schlimm genug, daß der junge Mann und die junge Frau den ganzen Weg westwärts bis Seattle gemacht hatten, um zu studieren; schlimm genug, daß sie niemanden aus ihrer alten Nachbarschaft heirateten; aber sich in jemanden zu verlieben und, schlimmer noch, jemanden zu *heiraten*, der »nicht wie wir« war, das war ein schändliches Desaster – ein Familienerdbeben erster Größe. Unvorstellbar.

Doch Mrs. Brooklyn und Mr. Detroit waren volljährig und von Liebe überwältigt. Und die Liebe, dessen waren sie sicher, konnte jedes Hindernis überwinden. Der Pfarrer hatte seine Zweifel, da seine Seele einige Schrapnellwunden aufwies, nachdem er die Durchquerung von Minenfeldern mit solchen Paaren nicht geschafft hatte.

Von hier an – und fast bis ans Ende – fallen die Teile der Handlung wie Dominosteine. Es war dermaßen vorhersehbar, daß ich mit Wetten, was als nächstes geschehen würde, hätte Geld verdienen können. Ich hätte es ihnen sagen können, aber sie hätten nicht zugehört. Manchmal müssen die Menschen die Dinge selbst herausfinden. Dies sind die Alternativen, vor die sie sich gestellt sahen:

Variante A: Sich standesamtlich trauen lassen und den Angehörigen im Osten nichts davon sagen. Aber – und hier kommt die Liebe wieder ins Spiel – sie liebten ihre Eltern aufrichtig, und wenn ihre Eltern dahinterkämen, was sie zwangsläufig tun würden, wären sie zutiefst verletzt, insbesondere, wenn sie erführen, daß keine religiöse Zeremonie *irgendeiner* Art stattgefunden hatte. Und so blieb nur die...

Variante B: Sich von einem Unitarierpriester trauen lassen und es den Eltern einen Tag später sagen. Eine Art halbes Durchbrennen. Die Eltern hatten keine Ahnung, woran Unitarier glauben, aber es war wenigstens eine religiöse Handlung in einer Kirche. Gute Idee. Auftritt Hochwürden Fulghum. Das führte zu...

Variante C: Wenn die Hochzeit schon mit einem Pfarrer in einer Kirche stattfand, konnten sie ebensogut ein paar Freunde einladen, statt sich mit zwei Trauzeugen zu begnügen. Und wenn sie schon diese paar Freunde einluden, konnten sie ebenfalls einige Freunde mehr einladen, da sie niemanden kränken wollten. Und da sie auf ihrer Liste nun schon an die Stelle gelangt waren, wo die Kategorie »Freunde« und die Kategorie »Bekannte« miteinander verschmolzen, konnten sie ebensogut einen Schritt weiter gehen und alle einladen, die sie kannten. Nun haben wir also eine große Hochzeit – eine gigantische geradezu. Denn wenn man die vielen Leute dahat, muß man ein großes Hochzeitsfest feiern – man kann nicht einfach sagen, dies ist eigentlich eine kleine Hochzeit, also trinkt euren Kaffee woanders. Und wenn man die vielen Leute dahat und ein Fest feiert, kann man natürlich nicht einfach eine kleine, bescheidene Trauung haben und sich vor den vielen Leuten blamieren. O nein. Langes weißes Kleid, geliehene Smokings, Blumen, Brautjungfern, Fotografen, Ringe – das ganze Drum und Dran. Alles, weil sie dachten, bloß ein paar Leute mehr wäre eine gute Idee. Ahnen Sie, was als nächstes kommt? Stimmt.

Variante D: Sie konnten nicht das ganze Spektakel veranstalten, ohne ihre Familien einzuladen. Minenfeld, wir kommen.

(Nebenbei bemerkt: Hochzeiten neigen stets dazu, überhandzunehmen. Ich habe es nie erlebt, daß eine kleiner ausgefallen oder das Budget nicht überzogen worden wäre. Eins führt immer zum anderen. Es ist ein bißchen wie die Ehe selbst. Oder das Leben. Warum auch nicht? Wenn es um Freude und Feiern geht, darf es ruhig teuer sein. Immer.)

Wie dem auch sei. Sie traten auf eine Mine. Die ganz große. Riefen ihre Mütter an und luden sie zur Hochzeit ein. Das Paar rief von mir zu Hause aus an, und seitdem funktioniert das Telefon nicht mehr richtig. Wahrscheinlich sind die Drähte auf der ganzen Linie bis Detroit und Brooklyn angeschmort. Die Mütter reagierten einmütig. *»Du heiratest eine was? Einen was!«* Darauf Schweigen. Und viel Geschluchze. Dann kamen die Papas an die Strippe, und das Fazit ihrer Bemerkungen war: *»Komm sofort nach Hause, auf der Stelle.«*

Einen Monat lang liefen die Post und Anrufe nur so ein – wie ein Wasserfall. Onkel und Tanten, Cousins und Cousinen traten zum Kampf an. Der Rabbi schrieb einen dreißigseitigen Brief. Die Priester und die Nonne beteten. Die Familien würden zu einer solchen Hochzeit *nicht kommen, niemals.* Die Familien drohten mit Erpressung, Höllenfeuer und gebrochenen Herzen. Bestechungen wurden angeboten. Nichts zu machen; nichts vermochte das Paar von seinem Vorhaben abzubringen. Nicht einmal Enterbung, die höchste Drohung, die von beiden Familien gegen sie geschleudert wurde.

Nicht, daß Braut und Bräutigam ungerührt waren. Sie verbrachten viel Zeit in Hochwürden Fulghums Büro – die Braut heulte, der Bräutigam fluchte. Aber die Hochzeit sollte unter allen Umständen stattfinden, komme, was da wolle. Und das Paar hatte einen unsichtbaren Schutzschild: die Liebe. Und eine Geheimwaffe: Sinn für Humor – Heiterkeit. Sie lachten ebensooft, wie sie weinten.

Zudem kamen sie aus zähen, unbeugsamen Familien, die es schwer gehabt und ihren Kindern immer eingeschärft hatten, nicht aufzugeben, wenn sie an etwas glaubten. Die Kinder taten genau, was ihre Eltern ihnen beigebracht hatten. Sie glaubten aneinander. Und das genügte.

Der Eisbrecher in diesem Dilemma war eine Großmama. Die Großmutter des Bräutigams. Herrgott, wenn ihr einziger Enkelsohn heiratete, egal, was für eine *Duweißt-schon*, dann wollte sie dabeisein. Um der ungeborenen Urenkel willen, die sie brauchen würden. Außerdem war sie mit ihrer Schwiegertochter auch nicht einverstanden gewesen, und das war trotzdem gutgegangen, na bitte. Oma meinte es ernst – sie kaufte sich ein Flugticket. *Sie* würde zur Hochzeit kommen. Punktum.

Und damit fing die lange Reihe der Dominosteine an zusammenzupurzeln. Wenn Großmutter käme, brauchte sie Begleitung – sie konnte natürlich nicht allein reisen –, und bald schon wollten sämtliche irischen Katholiken aus Detroit mitkommen. Sie wollten diesem jüdischen Gesocks aus Brooklyn zeigen, was ein echter *Familienzusammenhalt* war. Und sie wollten Onkel Dickie, den Priester, mitnehmen, damit es so fromm wie möglich zuginge.

Schön. Sie wissen, was als nächstes geschah. Fünfunddreißig Brooklyner Juden, einschließlich Großvater Rabbi, hatten ihre Flugscheine.

Die Hochzeit nahm die Form eines widerwilligen Wettkampfes zwischen der Notre-Dame-Universität und dem Jerusalem-Technikum an. In der Physik nennt man das »eine kritische Masse erreichen.«

Klar, daß alle kamen. Und dann wurde es richtig kompliziert. Großvater Rabbi bat, am Ende des Gottesdienstes wenigstens einen traditionellen Segen auf hebräisch sprechen zu dürfen. Als die irischen Katholiken Wind davon bekamen, kam nichts anderes in Frage, als daß die Großmutter, die einst in der komischen Oper aufgetreten war, vor dem Segen als eine Art Prophylaxe gegen das Hebräisch Schuberts »Ave Maria« sang. Die eine Seite wollte ein bißchen Weihrauch, und die andere wollte etwas Wein bei der Trauung haben und dann den Kelch zerbrechen. Braut und Bräutigam konnten nichts weiter tun, als zu allen Vorschlägen nicken und lächeln und »nur zu« sagen.

Als der große Tag kam, Samstagabend – nach Sonnenuntergang, um *Ihr-wißt-schon-wen* zufriedenzustellen –, marschierten die Familien in die Kirche und setzten – nein, »pflanzten« wäre der passendere Ausdruck – sich auf beide Seiten des Mittelgangs. Eine Zeitlang hätte ich alles darauf gewettet, daß es zu einer allgemeinen Rauferei statt zu einer Hochzeitsfeier nach der Trauung kommen würde.

Ah, aber ich vergesse ständig die Liebe. Die irischen Katholiken aus Detroit liebten den Bräutigam nicht weniger, als die polnischen Juden aus Brooklyn die Braut liebten. Und das aus gutem Grund – sie waren bemerkenswerte junge Leute, die Stolz und Achtung verdienten, auch wenn sie kein bißchen Verstand hatten, wenn es um die Wahl des Ehepartners ging. Und selbst die bittersten, feindseligsten Kritiker der Heirat konnten schwerlich übersehen, wie groß und stattlich der Bräutigam oder wie bezaubernd die Braut war. Und man mußte schon blind sein, um zu verpassen, was bei der Trauung geschah: Als das Paar das Treuegelöbnis ablegte, war klar, daß sie jedes Wort ernst meinten. Und als die Braut zu weinen anfing und ihr Bräutigam sie in die Arme nahm und ebenfalls weinte – da schwamm die ganze Kirche in Tränen. Ich hatte schon feuchte Hochzeiten gesehen, aber diese verwandelte sich in das reinste Gemeinschaftsbad. Die ganze Zeremonie geriet ins Stocken, dieweil alle tüchtig weinten. Der Pfarrer inbegriffen. Selbst Onkel Dickie, der Priester, der sich in den Vorraum hinausschlich, um sich nicht von den Geschehnissen anstecken zu lassen, wurde dabei beobachtet, wie er sich die Augen betupfte und sich schneuzte.

Was da vorging, war ganz einfach. Die Freude hatte uns von hinten angesprungen, als die Braut auf die Frage des

Pfarrers, ob sie diesen Bräutigam zum Manne nehmen wolle usw., sagte: »Ja, o ja, *Ja!*« Etwas sehr Altes und Schönes und Neues und Gutes geschah hier schlicht und einfach. Nur einem Kopf oder Herzen aus Stein wäre das entgangen. Freude. Unbeschreibliche Bestätigung von etwas, das richtig war. So weinten wir denn, da uns die Worte fehlten.

Und dann erhob sich die Großmutter des Bräutigams – die große Stammesmutter der irischen Katholiken, achtundsiebzig Jahre alt –, um das »Ave Maria« zu singen. Sie hatte die weite Reise nicht unternommen, um ihren Enkel im Stich zu lassen. Sie stellte sich ans Klavier, atmete tief durch, schloß die Augen und sang, wie es besser und ergreifender nicht hätte sein können. Nie habe ich das Lied mit mehr Gefühl, Leidenschaft und Inbrunst vorgetragen gehört. Sie war großartig. Nichts von den kratzigen, überdramatischen Tönen, die man von einer gealterten, drittklassigen Opernsängerin erwartet hätte. Nein. Dies war die Stimme einer Großmutter, die ihr Leben in ein Lied für eine einmalige Gelegenheit strömen ließ, um zu ehren, was sie liebte und woran sie glaubte. Als der letzte herrliche Ton verklang und Schweigen uns gepackt hielt, öffnete Großmutter die Augen, lächelte ihren Enkel an und sagte: »So.«

Und die Brooklyner Juden sprangen spontan auf und klatschten begeistert Beifall. Sie wußten vielleicht nicht, was sich in einer Kirche schickte, aber sie wußten, was Musik war und daß Großmama alles gegeben hatte, was sie hatte – und sie erkannten große Liebe auf Anhieb. Diese Großmutter war nach ihrem Gusto. Und eine stehende Ovation war angebracht. Bravo, Großmama!

Großvater Rabbi wollte sich nicht lumpen lassen. Er schritt langsam zu Braut und Bräutigam und ergriff ihre

Hände. Und dann sprach er für Abraham, Isaak, Jakob und alle Juden von Brooklyn, als er dem Brautpaar einen Segen gab, der sie ihr Leben lang begleiten sollte. Ich meine, sie waren *gesegnet*, und um das zu merken, mußte man kein Hebräisch verstehen.

Und natürlich bereiteten die irischen Katholiken Großvater Rabbi eine stehende Ovation, die er nie vergessen wird. Bravo, Großpapa!

Darauf stieß der Pfarrer einen tiefen Seufzer der Erleichterung aus. Er wußte, die Freude hatte gesiegt und es bestand eine echte Chance für ein glückliches Ende. Mehr als alles andere im Leben erhoffen wir uns zuweilen ein glückliches Ende. Und hier stand eins bevor.

Bis zum Ende der Hochzeit hatten die Familien nicht gewußt, daß sie alle trotz ihrer Auseinandersetzungen über die verschiedenen Metaphern für die allerhöchsten Dinge in vielem die gleichen Wertvorstellungen und Traditionen besaßen. Sie glaubten an die Familie, an die Frömmigkeit, an die Liebe, an denselben Gott und an die Fähigkeit, diese Dinge zu preisen und zu feiern.

Braut und Bräutigam stürmten durch den Mittelgang ins Vestibül, wo eine Polkakapelle wartete. Die Neuvermählten tanzten, und alle applaudierten. Großvater Rabbi forderte Großmutter Opernsängerin zum Tanzen auf, und die Menge johlte und gesellte sich dazu, und schon war die Party im Gange. Nie war ich auf einer solchen Feier gewesen, nie gab es ein solches Tanzen und Essen, Lachen und Singen – bis weit, weit in die Nacht hinein. Großartig!

Drei Tage später, als ich wieder einen klaren Kopf hatte, fragte ich mich, wie es geschehen war. Und kam zu der Erkenntnis, daß der skeptische Pfarrer sich geirrt und das Brautpaar recht gehabt hatte. Die Liebe war stärker als

Vorurteile – die Liebe hatte gesiegt. Ich weiß nicht, ob ich vollkommen überzeugt bin, aber in diesem Fall liegt der Beweis vor. Der Punktestand war am Ende der Partie: *Liebe*: 21 – *Böse Geister*: Null. Im Zweifel traue also denen, die du liebst – ihnen allen.

(Nachwort. Kurz vor dem ersten Jahrestag dieses erstaunlichen Ereignisses erhielt ich eine Postkarte, die auf einem Kreuzschiff in der Karibik aufgegeben war. Von Braut und Bräutigam, dachte ich. Nein. Von den Eltern von Braut und Bräutigam, die gute Freunde geworden waren.)

Hochzeiten werden gewöhnlich als märchenhafte Augenblicke angesehen, in denen das wahre Leben vorübergehend aufgehoben ist. »Und sie lebten glücklich immerdar« – das scheint möglich, wenn auch nur für einen Tag. Als meine Kinder noch klein waren und ihr Daddy versuchte, seine Gutenachtgeschichten mit einem glücklichen Ende zu beschließen, fragte eins von ihnen immer: »Und *dann*?« Wie hätte ich ihnen sagen können, daß Aschenputtel merkte, daß sie einen Fußfetischisten geheiratet hatte und daß gläserne Pantöffelchen höllisch schmerzten? Wie hätte ich ihnen sagen können, daß der Frosch, der von der Prinzessin geküßt wurde, sich wohl in einen Prinzen verwandelt haben mochte, aber den Charakter eines Frosches behielt und Fliegen statt Cornflakes zum Frühstück aß? Was ich vom wahren Leben weiß, läßt vermuten, daß dies keine vernünftigen Antworten auf die Was-dann-Frage sind.

Ich sage Brautpaaren immer in gespieltem Ernst, daß die Garantie für den Trauschein nur vierundzwanzig Stunden gelte. Die Wahrscheinlichkeit, daß eine Ehe hält, beträgt zur Zeit fünfzig zu fünfzig, das heißt, ein Pfarrer wird oft gebeten, Leute zu trauen, die beide schon einmal verheiratet waren. Sie lebten nach dem ersten Mal nicht glücklich immerdar. Aber sie wissen jetzt etwas – über sich, über das wahre Leben und über die Ehe. Und ihre Hochzeiten sind ein Spiegelbild ihrer Weisheit.

Vor allem wissen sie wie ich, daß die eigentliche Trauung und das eigentliche Gelöbnis nicht an dem Tag der offiziellen Feier stattfinden.

Es kommt eine Zeit, gewöhnlich nach dem Entschluß zu heiraten, nach der Bekanntmachung und Festsetzung des Termins und allem übrigen, da führen die zwei Liebenden ein ernstes Gespräch über das, wozu sie sich gemeinsam entschieden haben. Das Gespräch erstreckt sich über mehrere Tage, sogar Wochen. Teils im Auto auf der Fahrt irgendwohin, teils nach dem Abendessen am Küchentisch, teils auf dem Wohnzimmerboden oder vielleicht auf dem Heimweg nach dem Kino. Es ist ein Gespräch über Versprechungen und das eigene Heim, über die Familie, Kinder, Besitztümer, Jobs, Träume, Rechte, Konzessionen, Geld, persönliche Freiräume und alle Probleme, die sich aus alledem ergeben könnten. Und was sie sich in dieser Zeit kunterbunt durcheinander versprechen, ist ein Bündnis – eine unsichtbare Verpflichtung. Zwei Menschen erarbeiten einfach, was sie sich wünschen, was sie glauben, was sie füreinander erhoffen. Mit den Blicken fragen sie sich gegenseitig, ob sie es wirklich ernst meinen, und sie bestätigen es. Dann besiegeln sie es mit mehr Küssen und Umarmungen, als man in der Öffentlichkeit zu sehen bekommt. Und damit ist die Eheschließung vollzogen. Bleibt nur noch die offizielle Feier, welche Form auch immer sie dafür gewählt haben mögen.

Ich weiß, es klingt wie Ketzerei, die die Kirchenväter wohl nicht gutheißen werden. Aber wenn Sie verheiratet sind, wissen Sie, daß es stimmt. Deswegen rate ich Brautpaaren immer, mehr darauf zu achten, was bei diesen Gesprächen vor dem großen Tag vor sich geht. Sie werden doch ihre eigene Hochzeit nicht verpassen wollen.

Wenn Paare zu mir kommen, die zum zweiten Mal heiraten wollen, haben sie mehr Zeit und Energie auf diese Gespräche verwandt und machen sich viel weniger aus dem großen Tag als beim ersten Mal. Sie wissen, daß es viel wichtiger ist, sich abends in der Küche zu helfen, als welche Farbe die Brautjungfernkleider haben. Sie wissen, daß gute Gesellschaft und Freundschaft mehr zählen als gutes Aussehen. Und sie wissen, daß einen Frosch zu heiraten in Ordnung ist, wenn man den Frosch wirklich sehr gern hat und nicht erwartet, daß er sich plötzlich in einen Prinz verwandelt.

(Dasselbe weiß man, wenn die erste Ehe funktioniert und man schon fünf Jahre drin ist und zu bleiben gedenkt.) Es ist nicht so romantisch wie beim ersten Mal, aber es fehlt nicht an Liebe. Die Liebe ist diesmal zumeist reicher, tiefer und klüger.

All das bildet den Hintergrund zu einer schönen Geschichte. Zwei Brüder haben irgendwo in Dakota in ungefähr dem gleichen Alter – Anfang zwanzig – geheiratet. Der eine war gutaussehend, die gute Partie der Stadt. Der andere war ein richtiger Frosch: klein und untersetzt, und er sang gerne mit quakender Stimme. Der gutaussehende Bruder heiratete eine schöne Frau, und der Frosch heiratete eine Kröte. Die Ehepaare wohnten nahe beieinander und zogen ihre Kinder gemeinsam auf. Kein Paar war richtig glücklich – ihre Ehen funktionierten, ohne zu befriedigen. Doch ein Außenstehender würde die Wahrheit nie erkannt haben. Die Kinder wurden erwachsen und heirateten ihrerseits. Der gutaussehende Bruder starb mit fünfzig plötzlich an einem Herzanfall, und die Frau des Frosches kam bei einem Autounfall ums Leben.

Ich erfuhr die ganze Geschichte, als der überlebende Bruder und die überlebende Ehefrau nach Seattle kamen, um sich mit mir zu beraten. Sie waren sich seit Jahren in beständiger, jedoch heimlicher Liebe zugetan. Nach dem Tod seines Bruders und seiner Frau hatte sich der Frosch angewöhnt, zu seiner Schwägerin zu gehen, um ihr ein bißchen Gesellschaft zu leisten, und sie aßen gemeinsam zu Abend und spülten zusammen in der Küche das Geschirr ab und sangen dabei alte Kirchenlieder. Manchmal arbeiteten sie zusammen im Garten der Frau, jäteten Unkraut und redeten stundenlang über das Leben im allgemeinen.

Keiner sprach über Gefühle – in einer Kleinstadt schickte es sich nicht, daß ein verwitwetes, verschwägertes Paar sich liebte. Doch eines Abends trocknete er Teller ab und sang dabei »I Love You Truly«. Sie stimmte ein, und er sah ihr in die Augen, und sie erwiderte seinen Blick, und da war es ihnen klar.

So. Sie begannen das lange Gespräch, das die wahre Hochzeit ist. Ihre erste Sorge war: »Was werden unsere Kinder denken?« Ihrer beider Kinder und Enkel würden zugleich Söhne und Töchter, Nichten und Neffen, Cousins und Cousinen, Halbbrüder und Halbschwestern sein. Und einige ihrer Kinder waren verheiratet, und es erging ihnen nicht besonders gut dabei. Ein Familiensturm würde etliche der Boote zum Kentern bringen können, die ohnehin schon in schwerer See umhergeworfen wurden.

Aber ihre Liebe war langlebig und klug, ihr Leben kurz und einsam, und im tiefsten Sinne waren sie schon verheiratet – sie hatten das Bündnis der Kameradschaft geschlossen.

Sie beschlossen, durchzubrennen. Man stelle sich vor, ausreißen und heiraten. Durch Freunde von Freunden kamen sie auf mich in Seattle und baten mich um vertrauliche Hilfe bei der Eheschließung.

Sie wußten nicht, daß ihre Kinder längst alles wußten.

Über die unglücklichen Ehen, über das stille Dulden, über die Liebe, die aufgeblüht war, und die Heirat, die da in der Küche vollzogen wurde. Ihre Kinder hatten es gewußt und beobachtet und dabei eine Menge über die Liebe und die Ehe gelernt. Ihre Kinder, anfangs entsetzt, was geschehen könnte, hofften nun inständig, daß es geschähe.

Ich wußte, daß die Kinder es wußten, weil eine Tochter mich an demselben Abend anrief, als ich mit ihrer Mutter und ihrem Onkel sprach. Sie hatte ihre Spur verfolgt und wollte wissen, ob und wann ich sie trauen würde, weil die ganze Familie sich zur Hochzeit einfinden wollte.

Dies war der märchenhafte Teil der Hochzeit. Der Segen, der der Verbindung von den Kindern von Braut und Bräutigam erteilt wurde, die mit zehn Autos im Konvoi den ganzen Weg von Fargo, North Dakota, angefahren kamen. Als Braut und Bräutigam an jenem Sonntagnachmittag zu einer vermeintlich stillen Trauung zu meiner Haustür hereinkamen, hielten sich ihre Kinder und Enkelkinder in meiner Küche und der hinteren Diele versteckt. Und als Braut und Bräutigam dann vor mir standen, kamen sie alle leise ins Zimmer, mit lächelnden, tränenüberströmten Gesichtern. Was für ein Augenblick!

Ein Enkelkind erlöste die aufgestauten Emotionen, indem es kreischte: »*Überraschung, Überraschung!*«, und die ganze Versammlung verwandelte sich in einen freudigen Umarmungs- und Kußwettstreit.

Als Ruhe und Ordnung einigermaßen wiederhergestellt waren, wandten sich Braut und Bräutigam, Kinder und Enkelkinder mir zu, damit ich die Trauungszeremonie vornähme. Und ich sagte, was soeben geschehen sei, das sei so ungefähr die schönste Zeremonie, die ich mir denken könne, und ich erklärte sie zu Mann und Frau und Tante und Onkel. Worauf das Umarmen, Geküsse und

Geschrei von vorne losging. Taten, nicht Worte sind die Bande, die verbinden.

Seit Jahren erzähle ich nun schon diese Geschichte Paaren, die zum zweiten Mal heiraten wollen. Der springende Punkt ist nicht, daß die Geschichte glücklich ausging. Der springende Punkt ist, daß die Ehe ein Irrgarten ist, in den wir hineinwandern – ein Irrgarten, durch den man am besten mit einem großartigen Kameraden gelangt, zum Beispiel mit einem Frosch, der beim Geschirrspülen singt. Oder mit einer schönen Frau, die einem Frosch das Gefühl gibt, ein Prinz zu sein, wenn sie seine Hand hält. Das sind Märchen, an die man glauben kann.

1969. Ein Schild: *Überall, bloß nicht hier.* Drei schlampige Blumenkinder halten es an einer Autobahnauffahrt in die Höhe. Sie warten auf eine Fahrt auf dem großen Strom des Abenteuers. Seinerzeit ein übliches Schild – ich sah es mehr als einmal und spürte es häufig in den Menschen. Wanderlust, gepaart mit Unzufriedenheit.

Kürzlich sah ich an der Autobahnauffahrt ein anderes Schild. *Woandershin und zurück.* Weil mir der Sinn des Schildes gefiel, hielt ich an, und die Anhalter stiegen froh in meinen Lieferwagen. Studenten, ein Junge und ein Mädchen. Hatten das »Hier« satt, machten ein Semester blau, um sich alles anzusehen, wo immer es war.

»Aber auf eurem Schild steht ›und zurück‹.«

»Wissen Sie, wir sind hier zu Hause, und es gefällt uns hier. Wir wollen bloß eine Weile woanders sein. Haben Sie auch manchmal dieses Gefühl?«

»Ungefähr einmal die Woche.«

Die Leute, gefragt, was sie tun würden, wenn sie im Lotto gewännen, würden zuerst ihre Schulden bezahlen und dann reisen – die Welt sehen, woandershin und zurück. Im tiefsten Herzen sind wir Nomaden. Und es amüsiert mich jedesmal, wenn Anthropologen Ruinen entdekken, die offenbar plötzlich von ihren Bewohnern verlassen wurden. Was war die Ursache? Wohin sind die Leute gegangen? Was war das Problem? Es gab kein Problem, sie sind bloß eines Morgens mit der kollektiven Lust aufgewacht, woanders zu sein. Sie zogen los. Und haben es bloß nicht ganz zurück geschafft.

Man muß sich nur einmal vorstellen, wie oft viele Leute, zumal bei uns in Amerika, umziehen. Siebenunddreißig Orte in einundfünfzig Jahren – das ist mein Rekord –, und meine Frau und ich reden schon wieder davon, wohin wir das nächste Mal ziehen wollen und was wir Neues tun könnten. Rastlosigkeit ist in uns, und wir kratzen die Kurve, wenn wir können. Nachdem ich nun etliche Male »woandershin und zurück« gereist bin, hier zwei Grundwahrheiten, die ich erkannt habe:

Erstens: Das Gras ist auf der anderen Seite des Zaunes nicht immer grüner. Nein, wahrhaftig nicht. Zäune haben nichts damit zu tun. Das Gras ist am grünsten, wo es bewässert wird. Wenn Sie Zäune überqueren, nehmen Sie Wasser mit und pflegen Sie das Gras, wo immer Sie sein mögen.

Zweitens: Die Flußfahrermaxime, die mir Freund Baz, ein Spitzensportler, beim Wildwasser-Kanufahren beigebracht hat: »Eine Rast einlegen gehört zum Unterwegssein.« Wenn du flußabwärts unterwegs bist, steuere ab und zu das Ufer an, mache eine Rast, sieh auf den Fluß und denke darüber nach, wo du gewesen bist und wohin du gehst und warum und wie.

Schön. Kommen Sie, setzen Sie sich zu mir ans Ufer, und ich erzähle Ihnen, wo das Gras grün ist und was ich über den Fluß weiß...

Die griechische Philosophie lebt!« steht auf englisch an eine Tür der Plaka gekritzelt, des alten Marktviertels, das sich unterhalb der hohen steinernen Mauern der Akropolis duckt. Das Herz von Athen. Es ist wahr. Sie philosophieren immer noch, die Griechen. Die Philosophie ist nicht auf ewig im Jahre 4 v. Chr. bestattet oder in Lehrbüchern vergraben worden, um Schüler und Studenten zu quälen. Sie lebt. So gewiß, wie die Griechen selber leben.

Entscheidend ist der Pragmatismus. Von *pragma* – »Tat«. Das ist die philosophische Doktrin, daß ihr praktisches Resultat der Prüfstein der Wahrheit von Behauptungen sei. Es ist egal, was Sie sagen oder denken. Was Sie tun und wie es sich auswirkt – das zählt. Sie können in den Philosophiebüchern alles über Pragmatismus lesen. Oder Sie können einfach die Griechen dabei beobachten, wie sie ihren Geschäften nachgehen. Die folgenden Geschichten ergaben sich aus Beobachtungen.

Auf dem Flugplatz von Chania auf der Westseite der Insel Kreta spuckt die 727 der Olympic Airways einhundert schimpfende Passagiere in den überfüllten Terminal. Ein Irrenhaus. Erhobene Fäuste und Stimmen, weinende Frauen, quengelnde Kinder. Zwei Passagiere springen über einen Tresen und bearbeiten den Angestellten mit Fäusten. Polizisten nahen mit schrillenden Pfeifen, Schlagstöcke in der Hand.

Erklärung: Die Passagiere sollten alle in Heraklion am anderen Ende der Insel landen, wohin ihr Gepäck auch tatsächlich mit einer anderen Maschine geflogen war. Aus unbekannten Gründen landete ihr Flugzeug in der falschen Stadt, und die Passagiere sollen nun eine beschwerliche Busfahrt zu ihrem knapp zweihundertfünfzig Kilometer entfernten Bestimmungsort in Kauf nehmen. Die Passagiere wollen Blut sehen. Die Passagiere erklären, sie würden ein Flugzeug kapern. Was die Passagiere von den Verantwortlichen halten, kann hier nicht gedruckt werden, aber es ist ziemlich grob und erstreckt sich auch auf Eltern und Herkunft der Manager von Olympic Airways und darauf, wo sie die Ewigkeit verbringen würden.

Ein Passagier, ein beleibter, gutgekleideter deutscher Tourist, der am Rande des Chaos kleine Kreise beschritten hat, schreit plötzlich abwechselnd auf deutsch und englisch: »*Warum bin ich hier? Wohin gehe ich? Was muß ich tun? Was wird aus mir? Gott im Himmel. Hilf mir!*«

Sein verzweifelter Schrei ist so eindringlich, daß die Menge verstummt und ihn besorgt betrachtet, wie sie einen wildgewordenen Hund in ihrer Mitte betrachten würde.

Der Stationsleiter der Fluggesellschaft antwortet über die Menge hinweg auf englisch: »Sir! Sir! Das sind sehr alte Fragen. Wir Griechen beschäftigen uns seit zweitausend Jahren damit, und sie sind nicht leicht zu beantworten – damals nicht und heute nicht. Unterdessen wollen wir unser Bestes für Sie tun. Die Götter werden keine große Hilfe sein, aber Olympic Airways wird dafür sorgen, daß Sie nach Heraklion kommen. Bitte, steigen Sie in den Bus.«

Die Menge applaudiert. Die Passagiere fädeln sich in den Bus, der nach Heraklion davonbraust. Der deutsche

Tourist aber, ganz erschlafft, bleibt zurück und murmelt noch immer Fragen und verlangt vernünftige Antworten.

Am selben Nachmittag hörte ich in einem Straßencafé an der meerwärts gelegenen Promenade von Chania zwei junge Amerikaner darüber streiten, ob die Menschen von Grund auf schlecht oder von Grund auf gut seien. Jurastudenten. Erstes Semester. Einer wies auf sein Weinglas und behauptete weise, diese Frage sei ähnlich der, ob sein Weinglas halb voll oder halb leer sei – reine Formulierungs- und Ansichtssache. Sein Begleiter widersprach. »Nein, nein – die genaue Menge Wein in einem Glas läßt sich mit wissenschaftlichen Mitteln bestimmen, und über die Definition voll und leer kann man sich einigen. Den alten Quatsch kannst du vergessen!«

Er winkte dem Kellner und bat um zwei leere Gläser und etwas zum Abmessen. Die Wissenschaft würde eine Antwort liefern, genau wie vernünftiges Denken das kompliziertere Thema der Natur des Menschen lösen würde.

Der Kellner, ein betagter Grieche von ehrwürdigem Alter, erkundigte sich nach dem Zweck der Bitte und bekam alles erklärt. Er sah die zwei jungen Männer an. Dann das Glas Wein, das auf die Wahrheit hin geprüft werden sollte. Er lächelte. Nahm das Weinglas, hielt es sich an die Nase, um das Bukett zu riechen. Prostete den beiden jungen Reisenden wortlos zu und leerte es genüßlich. Er lächelte. Und ging davon.

Pragmatismus. Zeit zu schimpfen und Zeit, in den Bus zu steigen. Zeit zu diskutieren und Zeit, den Wein zu trinken.

Weit im Südwesten von Athen liegt an der Felsenküste des Peloponnes das Dorf Stupa/Lefktron. Obwohl nicht auf der herkömmlichen Reisekarte verzeichnet, ist es bedeutend als der Ort, an dem Nikos Kazantzakis seinen Roman *Alexis Sorbas* schrieb, das großartigste moderne Beispiel für griechischen Pragmatismus.

Stupa/Lefktron hat seit der türkischen Okkupation (vor 1883) einen geteilten Namen und ist heute in etwa fündunddreißig verschiedene politische Parteien zersplittert – das heißt, im Dorf gibt es fünfunddreißig wahlberechtigte Männer. Das Dorf ist jedoch an zwei Fronten vereint.

Die erste ist das brennende Verlangen, im Juli und August soviel Geld wie möglich aus den Touristen herauszuholen. Das andere gemeinsame Band ist die Religion. Griechisch-orthodox.

Man könnte denken, daß Ökonomie und Religion in der Touristensaison leicht in Konflikt gerieten, denn wer hat schon Zeit, den Sonntagmorgen in der Kirche zu verbringen, wenn alle in Cafés, Kunstgewerbeläden und Restaurants arbeiten, um den Bustouristen die letzte Drachme aus der Tasche zu ziehen?

Kein Problem.

In der Sonntagmorgenstille hat Pater Michaelis auf dem Kirchhof hoch über dem Dorf ein Tonbandgerät und Lautsprecher installiert. Und er überträgt den Gottesdienst ins Dorf, während er auf seinem Stuhl sitzt und Kaffee trinkt, der ihm aus einem Café heraufgebracht wurde.

Die Messe dauert drei Stunden und ist immer dieselbe, und alle kennen sie auswendig, daher genügt es, daß sie sie hören und ihr mit dem Herzen folgen, während sie ihren Geschäften nachgehen. Von neun bis zwölf Uhr ist das Dorf die Kirche. »Wo immer sie sind, Gott ist auch da«, erklärte mir Pater Michaelis, »und was immer sie tun, Gott ist mit ihnen. Es ist kein Problem. Nicht für sie, für mich oder Gott.«

»Und wenn der Bischof von Athen dahinterkommt?«

»Wer sollte es ihm erzählen? Und wenn es jemand tun würde, wer weiß? Die Idee schlägt vielleicht ein. Sicher, das Dorf sollte in der Kirche sein. Und das wird es auch, wenn der September kommt. Aber für jetzt genügt es, daß die Kirche überall im Dorf ist. Ist es nicht letztendlich dasselbe?«

Da wir gerade von Religion sprechen, haben Sie jemals griechischen Kaffee getrunken? Nur ganz wenige Nichtgriechen haben mehr als ein paar Tassen auf einmal getrunken und es überlebt, um davon zu erzählen. Aber wenn Sie ein ernstzunehmender Kaffeetrinker sind und nichts dagegen haben, achtundvierzig Stunden lang hellwach zu sein, wenn Sie eine gute Krankenversicherung abgeschlossen haben und es Ihnen nichts ausmacht, einen Geschmack wie vom Boden eines Vogelkäfigs auf Zunge und Zähnen zu haben, und wenn Sie an schweres Sodbrennen gewöhnt sind, dann müssen Sie griechischen Kaffee einfach lieben.

Meine erste Tasse trank ich beim Herbstbasar der griechisch-orthodoxen St. Demetrios-Kirche in Seattle. Spendiert hatte ihn Constanzia Gregocopoulos, eine vierundachtzigjährige Großmutter, die aus Athen zu Besuch gekommen war. Als sie den Kaffee kostete, den die Kirche servierte, schlug sie Krach. Sie sagte, es müsse sofort anständiger griechischer Kaffee her, sonst... So machte sie sich an diesem Nachmittag ans Werk, ganz in Schwarz gekleidet, umgeben von Messingtiegeln, Kochplatten und ebenfalls schwarzen gerösteten Kaffeebohnen. Wie eine Zauberin beugte sie sich über ihre Arbeit und murmelte mit ihrer Dolmetscherin.

»Ich hätte jetzt gern eine Tasse Kaffee«, sagte ich.

»Πρέπει νά περιμενεις«, sagte Frau Gregocopoulos. *(Sie war fast taub und brüllte mich und ihre Assistentin ein bißchen an).*

»Sie sagt, Sie müssen warten.«

»Fragen Sie sie, warum.«

»Οἱ 'Αμερικανοί ὁ'λο Θέλουν ἀμεσος, άλλά δέν εἶναι ὁ'λο άμέσος καλά.«

»Sie sagt, die Amerikaner wollen immer alles *sofort*, und alles sofort bekommen sei nicht gut.«

»'Ο Θεος 'έκανε ἑπτά μέρες γιά νά κάνη τόν κόσμο καί τόν 'έκανε όρέα διόση δέν διάστικε.«

»Sie sagt, Gott hat sieben Tage gebraucht, um die Welt zu erschaffen, und es war gut, weil er sich Zeit ließ und es nicht eilig hatte.«

»Εγώ, Κωνστάνζια Γρεγοκόπουλος, Θέλω ἀκριβός ἑπτά λεπτά γιά τόν καφέ εἶς τό 'όνομα τόν Θεόυ.«

»Sie sagt, sie, Constanzia Gregocopoulos, braucht genau sieben Minuten, um Kaffee zu kochen, im Geiste Gottes.«

»Θά περιμένεις καί Θά τό φτιάσο καί Θά τό πινίς καί Θά σού αρέσει.«

»Sie sagt, Sie werden warten, und sie wird ihn machen, und Sie werden ihn trinken, und Sie werden ihn mögen!«

»Ja, Ma'am«, sagte ich.

Und ich tat wie geheißen, und sie kochte den Kaffee, und ich trank ihn und mochte ihn wirklich.

»*Ist gut, ja?*« brüllte sie mir ins Ohr.

»Ja, Ma'am«, sagte ich.

»Θά μάθεις νά περιμένεις καί ὁ Θεός θά σέ εὐλογίση ποιό συχνά καί θά ζίσης νά γεράσης χαρούμενος.«

»Sie sagt, lernen Sie warten, und Gott wird Sie öfter segnen, und Sie werden lange und glücklich leben.«

Die alte Dame lachte ein zahnloses Lachen und kniff mich mit jener Liebenswürdigkeit in die Wange, die man Narren entgegenbringt, die vielleicht noch zur Weisheit finden können.

»Irgendwelche Fragen?« Ein Angebot, das am Ende von Vorlesungen und langen Konferenzen steht. Es wird ausgesprochen, wenn die Zuhörer nicht nur mit Informationen übersättigt sind, sondern ohnehin nicht mehr viel Zeit ist. In solchen Momenten hast du ganz sicher Fragen. Etwa: »Können wir jetzt gehen?« und: »Wozu war diese verflixte Konferenz überhaupt gut?« und: »Wo bekomme ich was zu trinken?«

Die Geste soll wohl Offenheit seitens des Redners zum Ausdruck bringen, aber wenn du tatsächlich eine Frage stellst, bedenken dich Redner wie Zuhörer mit giftigen Blicken. Und irgendein Blödmann – irgendein ernster Idiot – fragt immer. Und der Redner antwortet immer. Indem er das meiste wiederholt, was er schon gesagt hat.

Aber wenn noch etwas Zeit ist und es auf die Aufforderung hin etwas still ist, pflege ich die wichtigste aller Fragen zu stellen: »Was ist der Sinn des Lebens?«

Man kann nie wissen, vielleicht kennt jemand die Antwort, und ich möchte sie mir wirklich ungern entgehen lassen, nur weil ich mich geniert habe zu fragen. Aber wenn ich frage, wird es meistens als absurd empfunden – die Leute lachen und nicken und packen ihre Sachen zusammen, und mit dieser lächerlichen Bemerkung wird die Versammlung geschlossen.

Einmal, nur ein einziges Mal, habe ich die Frage gestellt und eine ernste Antwort bekommen. Eine, von der ich heute noch zehre.

Zuerst muß ich Ihnen erzählen, wo das geschah, denn

der Ort hat eine ganz eigene Magie. Es war wieder in Griechenland.

Bei dem Dorf Gonia, oberhalb einer Felsenbucht auf Kreta, liegt ein griechisch-orthodoxes Kloster. Nebenan befindet sich auf einem vom Kloster gestifteten Grundstück ein Institut, das sich die Verständigung und den Frieden unter den Menschen und besonders die Annäherung zwischen Deutschen und Kretern zur Aufgabe gemacht hat. Ein schwieriges Unterfangen, bedenkt man die bitteren Auswüchse des Krieges.

Die Lage des Instituts ist wichtig, denn von hier aus überblickt man die kleine Behelfslandebahn in Maleme, wo im Zweiten Weltkrieg deutsche Fallschirmjäger auf Kreta einfielen und mit Küchenmessern und Heusicheln von Bauern empfangen wurden. Die Vergeltung war entsetzlich. Die Bewohner ganzer Dörfer wurden in Reih und Glied aufgestellt und erschossen, weil sie Hitlers Elitetruppen angegriffen hatten. Weit oberhalb des Instituts ist ein Friedhof, auf dem ein einziges Kreuz das Massengrab der kretischen Partisanen kennzeichnet. Und gegenüber, auf einem anderen Hügel der Bucht, ist die Grabstätte der deutschen Fallschirmjäger. Die Grabmäler sind so aufgestellt, daß alle sie sehen und nie vergessen sollen. Haß war die einzige Waffe, die die Kreter am Ende hatten, und viele schworen, diese Waffe nie aus der Hand zu geben. Niemals.

Vor diesem historischen Hintergrund, an dieser Stätte, wo der Haß tief verankert ist, ist die Existenz eines Instituts, das sich der Heilung der Kriegswunden widmet, ein fragiles Paradoxon. Wie ist es hierhergekommen? Die Antwort ist ein Mann. Alexander Papaderos.

Doktor der Philosophie, Lehrer, Politiker, wohnhaft in Athen, aber ein Sohn seiner Scholle. Nach dem Krieg gelangte er zu dem Glauben, daß Deutsche und Kreter sich viel zu geben, viel voneinander zu lernen hätten. Sie müßten ein Beispiel setzen. Denn wenn sie einander vergeben und eine fruchtbare Beziehung zueinander aufbauen könnten, dann könnten es alle Menschen.

Um eine hübsche Geschichte kurz zu fassen: Papaderos hatte Erfolg. Das Institut wurde Wirklichkeit, ein Konferenzort an der Stätte des Grauens, und es wurde tatsächlich eine Quelle für produktive Begegnungen beider Länder. Es wurden Bücher über die Träume geschrieben, die durch das, was die Menschen einander an dieser Stätte gaben, wahr geworden waren.

Zu der Zeit, als ich für ein Sommerseminar in das Institut kam, war Alexander Papaderos eine lebende Legende geworden. Schon auf den ersten Blick erkannte man seine Kraft und Intensität – er strahlte Energie, Stärke, Courage, Intelligenz, Leidenschaft und Lebhaftigkeit aus. Und wer mit ihm sprach, ihm die Hand schüttelte, mit ihm in einem Raum war, wenn er sprach, der erlebte seine außergewöhnliche, elektrisierende Humanität. Wenige Menschen werden ihrem Ruf gerecht, wenn man sie näher kennenlernt. Alexander Papaderos war eine Ausnahme.

Auf der letzen Sitzung am letzten Morgen eines zweiwöchigen Seminars über griechische Kultur, abgehalten von Geistesgrößen und Experten auf ihrem Gebiet, die Papaderos von außerhalb herbeigeholt hatte, erhob sich Papaderos von seinem Stuhl im Hintergrund des Raumes und ging nach vorne, wo er sich im hellen griechischen Sonnenlicht an ein offenes Fenster stellte und hinaussah. Wir folgten seinem Blick über die Bucht zu dem Eisenkreuz, das den deutschen Friedhof markierte.

Er drehte sich um. Und machte die rituelle Geste: »Irgendwelche Fragen?«

Stille hüllte den Raum ein. Diese zwei Wochen hatten genug Fragen für ein ganzes Leben aufgeworfen, aber vorerst herrschte nur Schweigen.

»Keine Fragen?« Papaderos ließ seinen Blick durch den Raum schweifen.

Also gut. Ich fragte.

»Dr. Papaderos, was ist der Sinn des Lebens?«

Es folgte das übliche Gelächter, und die Leute machten Anstalten zu gehen.

Papaderos brachte den Raum mit erhobener Hand zum Schweigen und sah mich lange an; seine Augen fragten mich, ob ich es ernst meinte, und meine bestätigten es ihm.

»Ich will Ihnen Ihre Frage beantworten.«

Er nahm seine Brieftasche aus der Hüfttasche und angelte einen ganz kleinen runden Spiegel etwa von der Größe eines Vierteldollars aus einem Scheinfach.

Und sagte folgendes: »Als ich ein kleines Kind war, während des Krieges, waren wir sehr arm, und wir lebten in einem abgelegenen Dorf. Eines Tages fand ich auf der Straße die Bruchstücke eines Spiegels. Ein deutsches Motorrad war an der Stelle verunglückt.

Ich versuchte, alle Stücke zu finden und zusammenzusetzen, aber das war nicht möglich, deshalb bewahrte ich nur das größte Stück auf. Dieses hier. Und indem ich damit an einem Stein kratzte, schliff ich es rund. Ich begann damit zu spielen und war fasziniert, daß ich Licht zu dunklen Stellen hinreflektieren konnte, wo die Sonne niemals hinschien – in tiefe Löcher und Spalten und in dunkle Schränke. Ich machte ein Spiel daraus, Licht an die unzugänglichsten Orte zu bringen, die ich finden konnte.

Ich behielt den kleinen Spiegel, und als ich heranwuchs, holte ich ihn in müßigen Augenblicken hervor und stellte mich der Herausforderung des Spiels. Als ich ein Mann wurde, verstand ich allmählich, daß dies nicht einfach ein Kinderspiel war, sondern eine Metapher für das, was ich aus meinem Leben machen könnte. Ich begriff, daß ich nicht das Licht oder die Quelle des Lichtes war. Aber das Licht – die Wahrheit, die Erkenntnis, das Wissen – war da, und es würde nur dann auf viele dunkle Orte scheinen, wenn ich es reflektierte.

Ich bin ein Bruchstück eines Spiegels, dessen Form im Ganzen ich nicht kenne. Dennoch kann ich mit dem, was ich habe, Licht zu den dunklen Stellen dieser Welt bringen – zu den schwarzen Stellen in den Herzen der Menschen – und einiges in einigen Menschen verändern. Andere sehen und tun vielleicht dasselbe. Darum geht es mir. Das ist der Sinn des Lebens.«

Und dann nahm er seinen kleinen Spiegel behutsam in die Hand, fing die hellen Strahlen des Tageslichts ein, die durchs Fenster strömten, und warf sie auf mein Gesicht und meine auf dem Pult gefalteten Hände.

Vieles, was ich in jenem Sommer über griechische Kultur und Geschichte erfuhr, habe ich vergessen. Aber in meiner geistigen Brieftasche trage ich noch immer einen kleinen runden Spiegel bei mir.

Irgendwelche Fragen?

Testbogen

1. Deuten Sie von dort, wo Sie sind, während Sie dies lesen, nach Norden – und bestimmen Sie den Standort des Polarsterns am Himmel.
2. Welches ist die augenblickliche Mondphase? Wann ist der nächste Vollmond – und wie lange ist es her, seit Sie ihn bemerkt haben?
3. An welchem Datum war in Ihrer Gegend der letzte vernichtende Frost im Frühling und der erste vernichtende Frost im Herbst? Wie lange ist demnach die Wachstumszeit in Ihrer Gegend?
4. Welches ist dieses Jahr der Morgenstern im Januar? Und der Abendstern?
5. Verfolgen Sie Ihr Trinkwasser von dort, wo es als Niederschlag fiel, bis zu Ihrem Wasserhahn.
6. Nennen Sie fünf Stand- und fünf Zugvögel in Ihrer Gegend. Wann haben Sie zuletzt einen gesehen?
7. Nennen Sie fünf einheimische eßbare Pflanzen in Ihrer Nachbarschaft.
8. Erzählen Sie alles, was Sie über Geschichte und Natur Ihres Heimatbodens wissen.
9. Wie hoch war letztes Jahr die Gesamtniederschlagsmenge in Ihrer Gegend?
10. Aus welcher Richtung kommen in Ihrer Gegend die Winterstürme?
11. Welche wilde Frühlingsblume wird in Ihrem Heimatbezirk wahrscheinlich als erste blühen?

12. Wann brunftet das Wild in Ihrer Region, und wann werden die Jungen geboren?
13. Wie sah es vor hundert Jahren in Ihrer Gegend aus? Und wie wird es heute in hundert Jahren aussehen?
14. Haben Sie jemals einen Baum gepflanzt?
15. Wie weit ist es zum nächsten Stern?
16. Wohin weht der Wind?
17. Wie tief ist das nächste Meer?
18. In welche Richtung geht es bergauf?
19. Wie weit ist es von einer Zeit zur anderen?

In dem Bauerndorf Puyricard bei Aix-en-Provence in Südfrankreich wurden meine Frau und ich einmal an einem Sommerabend zu einem St.-Johannes-Fest mitgenommen. (Welcher St. Johannes gemeint war, weiß ich nicht. Es gibt viele. Wenn er einen Grund lieferte, um bei Musik und Tanz zu feiern, sei er gepriesen, wer immer er war.)

Als der erste Stern am Nachthimmel zu sehen war, zündeten die Dorfbewohner auf dem schmutzigen Schulhof ein Freudenfeuer an, und eine Volksmusikkapelle begann zu spielen – Gitarre, Baßtrommel, Hirtenflöte und Konzertina. Musik, die gleichzeitig gegenwärtig und vergangen war. Im allseits bekannten Twostep tanzten die Paare um das große Feuer, ihr einziges Licht. Bezaubernd. Eine Szene aus einem Roman, einem Film, einer schönen Phantasie.

In der ersten Pause gingen die Paare nicht zurück, sondern blieben und blickten in das Freudenfeuer. Plötzlich nahmen ein junger Mann und eine junge Frau, beide von athletischer Statur, sich fest an den Händen haltend Anlauf, sprangen hoch in die Luft durch die lodernden Flammen und landeten sicher jenseits der Glut. Unter dem Beifall der Menge umarmten sich die zwei, und mit banger Freude im Gesicht gingen sie, nachdem sie das Schicksal herausgefordert hatten und unversehrt geblieben waren, wieder tanzen.

Damit Sie mich nicht mißverstehen: Was sie getan hatten, war sehr gefährlich.

Und dieser Sprung durchs Feuer war der eigentliche Sinn des St.-Johannes-Festes.

Und das ging so: Wenn man ein Liebespaar war, verheiratet oder nicht, oder auch bloß befreundet und seinen Bund besiegeln wollte, äußerte man gemeinsam den Wunsch, sich nie zu trennen, und dann stürmte man zum Feuer und sprang händehaltend darüber. Es hieß, je heißer das Feuer und je höher die Flammen wären, desto länger und enger sei die Gemeinschaft. Es hieß aber auch, wenn sie das Feuer falsch einschätzten und sich versengten oder auf der anderen Seite in der Glut landeten oder sich beim Sprung losließen, würde Böses über sie und ihren Bund kommen. Man durfte dies nicht leichtnehmen.

Die jung im Herzen und flink zu Fuß waren, sprangen als erste, und als es dunkler wurde und das Feuer herunterbrannte, setzten sich die Vorsichtigeren in Bewegung. Manche schafften den Sprung übers Feuer nicht; manche sprangen zu früh und manche zu spät; manche liefen zum Feuer und bremsten kurz davor, und einige ließen sich los: Während ein Partner sprang, blieb der andere im letzten Moment zurück.

Wenngleich viel gelacht, gejubelt und geneckt wurde, war doch klar ersichtlich, daß dies eine uralte, ernste Angelegenheit war. Nicht einfach eine Party. Einmal im Jahr, in einer lauen Sommernacht und bei Musik und Tanz, um sich Mut zu machen, nahm man seine Liebe an der Hand und forderte das Feuer des Schicksals heraus.

Gegen Ende des Abends, als nur noch Glut übrig war, kündete eine traditionelle Melodie den letzten Tanz an. Als der letzte Ton der Hirtenflöte verklang, umringten die Dörfler die sanft glühende Asche und verstummten. Das am längsten verheiratete Ehepaar des Dorfes nahm sich bei den Händen und stieg anmutig und feierlich über das, was einmal ein Feuer war. Auf dieses Segenszeichen hin umarmten sich die Dörfler und wanderten durch die Sternennacht heimwärts, und fortan brannten alle Feuer der Liebe...

Die Amerikaner lieben bekanntlich klare Antworten. Dein Ja bleibe Ja, und dein Nein bleibe Nein. Ja oder nein. Keine Grautöne bitte.

In Indonesien gibt es ein gebräuchliches Wort, das sich hübsch um das Verlangen nach Schwarz und Weiß herumwindet. *Belum* heißt das Wort, und es bedeutet »noch nicht ganz«. Ein schönes Wort, das fortwährende Möglichkeiten offenläßt. »Sprechen Sie Englisch?« – »*Belum.*« Noch nicht ganz. »Haben Sie Kinder?« – »*Belum.*« »Kennen Sie den Sinn des Lebens?« – »*Belum.*«

Es gilt zugleich als unhöflich und zynisch, geradeheraus »nein« zu sagen. Das führt manchmal zu komischen Situationen. »Steht das Taxi in Flammen?« – »*Belum.*« Noch nicht ganz.

Es ist eine ähnliche Haltung wie die, die hinter dem alten Varietéwitz steckt: »Können Sie Geige spielen?« – »Ich weiß nicht, ich hab's nie versucht.«

Vielleicht. Kann sein. Schon möglich. Nicht ja oder nein, sondern möglicherweise. Eine weiche Federung ist auf der großen Busreise des Menschen ins Abenteuer willkommen.

Ist dies die beste aller möglichen Welten? *Belum.*

Können wir ohne Kriegswaffen auskommen? Ich weiß es nicht, wir haben's nie versucht.

Ist es hoffnungslos zu denken, daß wir es könnten? *Belum.* Noch nicht.

DER TURM DES Ulmer Münsters ist mit einhunderteinundsechzig Metern der höchste Kirchturm der Erde. Meter. Siebenhundertachtunddreißig Steinstufen führen zur Spitze hinauf. Ich habe sie gezählt. Und wenn Sie, oben angekommen, noch imstande sind, zu atmen und Ihren Blick schweifen zu lassen, dann können Sie zwei charakteristische Landschaften ausmachen: im Süden der Stadt die Ausläufer der Alpen und im Osten die schroffen Felsen über der Donau.

Einst lebte dort der Schneider Albrecht Ludwig Berblinger, ein sehr geschickter Handwerker, der sich mit seiner Kunstfertigkeit am Ort einen Namen gemacht hatte. Doch während seine Hände arbeiteten, war sein Geist oft anderswo.

Denn Berblinger gehörte zu denen, die sich einbildeten, fliegen zu können.

Alsbald benutzte er seine Kunstfertigkeit, seine Träume und die Materialien seiner Werkstatt, um Flügel zu konstruieren. Und wie es das Schicksal wollte, wählte er die Ausläufer der Alpen, wo es reichlich Aufwinde gab, um seine Flügel auszuprobieren. Eines Tages, eines wundervollen Tages, sprang Albrecht in Gegenwart verläßlicher Zeugen von einem Berg und schwebte sicher hinab. Sensationell! Berblinger konnte *fliegen*!

Szenenwechsel. Der König mit seinem Gefolge besucht Ulm, und die Stadtväter möchten ihn beeindrucken. »Albrecht Ludwig Berblinger soll für den König fliegen!« Nichts leichter als das.

Unglücklicherweise wählte Berblinger, weil es für den König und die Leute aus der Stadt kommod war, für seine Demonstration die nahen Donaufelsen. Die Winde dort sind Abwinde.

Der große Tag kam – Musikanten, der König und sein Gefolge, die Stadtväter, Tausende gewöhnlicher Bürger, alles versammelte sich am Fluß. Berblinger stand hoch auf einem Felsvorsprung, winkte, duckte sich und warf sich in die Luft.

Und flog wie eine Kanonenkugel in den Fluß.

Pech.

Am nächsten Sonntag rief der Bischof von Ulm von der Kanzel des Münsters Berblinger während der Predigt mit Namen und zieh ihn der Sünde des Stolzes.

»Der Mensch wurde nicht geschaffen zu fliegen!« donnerte er.

Gebeugt von der zornigen Beschuldigung des Bischofs, ging Berblinger aus der Kirche nach Hause und ließ sich nie mehr in der Öffentlichkeit sehen. Nicht lange danach starb er. Seine Flügel, seine Träume und sein Herz waren zerbrochen.

Neulich flog ich in einem Segelflugzeug mit, das in fünfzehnhundert Meter Höhe auf einer Thermikwelle dahinglitt. Da kamen mir Berblinger und der Bischof von Ulm in den Sinn. Unter mir sah ich einen Heißluftballon, ein Ultraleichtflugzeug, weitere Segelflieger und drei Fallschirmspringer, die sich vom Himmel schwangen, über uns nahm eine 747, steil zu zehntausend Metern Flughöhe aufsteigend, Kurs ostwärts nach Chicago.

Wie sehr wünschte ich, Albrecht Berblinger aus seinem

Grab auf einen Sitz in dem Segelflugzeug rufen und sagen zu können: »Sieh und schäme dich nicht. Der Mensch *wurde* geschaffen zu fliegen.«

Historisch gesehen, stellt die Kirchenkanzel das Symbol eines erhobenen, verdammenden Fingers dar. Hier werden Männer und Frauen der Sünde, Bosheit, Frevelhaftigkeit und des Stolzes geziehen. Und es wird gepredigt, daß es auf dieser Erde keine Hoffnung, in diesem Leben keine Glorie gibt.

Ich meine, die Kanzel sollte eher Flügel verkörpern. Nicht Engelsflügel oder Adlerflügel oder sonst irgendwelche Flügel, die Sie kennen. Flügel des heiligen menschlichen Geistes – Flügel, die Herz und Verstand zu großen Höhen erheben. Flügel für alle Berblingers unter uns, die sie sehen und sich von ihnen beflügeln lassen, immer wieder zu versuchen, die Möglichkeiten des Menschen zu erweitern.

Solche Flügel kann man wohl nicht sehen, nehme ich an. Man muß an sie glauben, um sie in der Phantasie zu erblicken, und man muß an gefährlichen Orten etwas riskieren, um zu sehen, ob sie funktionieren.

Die meisten Leute, die heute ins Ulmer Münster gehen, sind Touristen. Die wenigen ernsten Menschen, die während des Sonntagsgottesdienstes unter der alten Kanzel sitzen, werden zahlenmäßig von den Drachenfliegern übertroffen, die scharenweise durch die helle Morgenluft der großen Weltkathedrale gleiten.

Wo immer du bist, Albrecht Ludwig Berblinger, ich dachte, dies würde dich vielleicht interessieren!

DIE SUFIS SIND moslemische Mystiker. Ihre Meister sind für ihre Geschichten berühmt, für das Erzählen kurzer Anekdoten, die beim ersten Hören schlicht und einfach wirken, aber einen Kern großer Weisheit enthalten. Die Geschichten werden nicht als Predigten vorgetragen. Es bleibt dem Hörer überlassen, sie nach eigenem Gutdünken aufzufassen und ihnen die Bedeutung beizumessen, die ihm zu erkennen gegeben ist.

So hat es mir ein islamischer Gelehrter erklärt, der mit mir in der Schweiz in einem Bus fuhr. *(Ein pensionierter Lehrer aus Algerien, der der heißen, flachen Gegenden überdrüssig war und in die Berge wollte.)* Dies waren seine zwei Lieblingsgeschichten von den Sufimeistern.

Ein berühmter Religionslehrer – tatsächlich ein Heiliger – kam durch eine kleine Stadt. Es war bekannt, daß er den Geheimschlüssel zum Verständnis des Sinns des Lebens bei sich trug. Ein Taschendieb näherte sich ihm, durchsuchte ihn mit seinen geschickten Fingern, fand nichts und wandte sich mit leeren Händen ab. Alles, was er wahrnahm, waren die Taschen gewesen.

Ein berühmter Lehrer wurde zu einer Löwenjagd eingeladen. Als er zurückkam, fragte man ihn, wie es gewesen sei. »Wunderbar!« Und wie viele Löwen hatten Sie erwischt? »Keinen – deswegen war es ja so wunderbar.«

Irgendwo draussen in der Welt ist eine junge Frau, die, wenn sie folgenden Brief liest, ausrufen wird: »He, das bin ich – das ist meine Geschichte!« Dieser Brief wurde aus Dankbarkeit geschrieben – die ich und alle ihr schulden, die ihre Geschichte von mir gehört haben. Aus der komischen Verzweiflung eines Menschen erwuchs Erkenntnis für alle.

Liebe Mitreisende,

Du hast auf dem Flughafen von Hongkong auf einem Stuhl neben mir gesessen. Alles an Dir hat signalisiert: »Junge amerikanische Reisende fliegt nach Hause.« Du hattest Jeans und T-Shirt mit Sarong und Sandalen vertauscht. Die praktische Kurzhaarfrisur war langen, lose herabhängenden Haaren gewichen. Der Rucksack neben Dir wies Schrammen und Schmutz von beschwerlichen Reisen auf und war ausgebeult von geheimnisvollen Andenken, die daran erinnerten, daß Du die Welt gesehen hattest. Glückliches Mädchen, dachte ich.

Als die Tränen von Deinem Kinn zu tropfen begannen, vermutete ich eine verlorene Liebe oder Kummer, weil Du die Abenteuer für Collegekurse aufgeben mußtest. Als Du aber zu schluchzen anfingst, hast Du mich in Deine Traurigkeit hineingezogen. Vermutlich warst Du eine Zeitlang sehr allein und sehr tapfer gewesen. Dich gründlich auszuweinen war in Ordnung. Und wie Du geweint hast. Ich wurde ganz naß davon. Ein Monsunregen bitterer Angst. Mein Taschentuch und Dein Taschentuch und fast eine ganze Schachtel Papiertaschentücher waren vonnöten, um den Strom zu trocknen, bis Du schließlich alles draußen hattest.

Tatsächlich warst Du noch nicht recht gewillt, heimzukehren; Du wärst gern weiter gereist. Aber Dir war das Geld ausgegangen, und Deinen Freunden war das Geld ausgegangen, und nun hattest Du schon zwei Tage auf dem Flughafen ausgeharrt, mit wenig zu essen und zuviel Stolz, um zu betteln. Und Deine Maschine sollte bald starten. Und Du hattest Dein Ticket verloren. Wieder hast Du mich von oben bis unten vollgeheult. Du warst seit drei Stunden an diesem Fleck gesessen, versankst im kalten Meer der Verzweiflung wie ein torpediertes Frachtschiff. Zeitweise hast Du gedacht, Du würdest dasitzen, bis Du sterben würdest.

Nachdem wir Dich getrocknet hatten, ich und ein älteres Ehepaar aus Chicago, das ebenfalls in der Flut Deiner Tränen davongeschwemmt wurde, luden wir Dich zum Mittagessen ein und erboten uns, mit den zuständigen Leuten am Flughafen zu reden, ob sich da etwas machen ließe.

Du bist aufgestanden, um mit uns zu gehen, hast Dich umgedreht, um Deine Siebensachen aufzuheben. Und hast *geschrien.* Ich dachte, jemand hätte auf Dich geschossen. Aber nein ... da war Dein *Ticket.* Du hattest Dein Ticket gefunden. Du hattest darauf *gesessen.* Drei Stunden lang.

Wie eine Sünderin, die aus dem Schlund der Hölle errettet wurde, hast Du gelacht und geweint und uns umarmt, und auf einmal warst Du verschwunden. Auf und davon, um Deine Maschine nach Hause zu erwischen. Die meisten Passagiere in der Wartehalle waren völlig fertig, nachdem sie an Deinem Drama teilgenommen hatten.

Ich habe die Geschichte unzählige Male erzählt. »Sie saß auf ihrem Ticket«, schließe ich, und die Zuhörer lachen jedesmal aus schmerzlicher Selbsterkenntnis.

Oft wenn ich gewissermaßen auf meinem Ticket sitze – auf etwas, das mich veranlassen will, aufzustehen und das, was als nächstes kommt, anzupacken –, denke ich an Dich und grinse uns beiden zu und mache mich ans Werk.

Darum, danke. Du bist sozusagen meine Reisevermittlerin geworden. Mögest Du all Deine Tickets finden und ankommen, wo immer Du hinwillst, jetzt und allezeit.

Wie so viele Bewohner der westlichen Welt Ende der sechziger Jahre, wünschte ich, auf meiner religiösen Reise woanders zu sein. Verwirrung herrschte in meinem geistigen Königreich, und ich sehnte mich danach, ein Geistesgebäude jenseits meiner gegenwärtigen Kultur errichten zu können. Aber es wollte mir nicht gelingen, von »hier« nach »dort« zu gelangen.

Die Philosophie des Zen und ihre Vorstellung von der Erleuchtung lockte mich. Ganz still sitzen und seinen Kopf leer machen und plötzlich von einer gewaltigen Welle der Erkenntnis, für die es keine Worte gibt, erfaßt werden können – das wäre doch etwas. Sich von der großen Neuigkeit erfassen zu lassen und mit dem Gefühl »Ich hab's!« von dannen zu gehen.

Ich nahm Urlaub vom Alltag und begab mich nach Japan, um mich gründlich von der Philosophie des Zen erhellen zu lassen. Nahm Kontakt zu einem Tempel und einem Meister auf. Rasierte mir Kopf und Gesicht, streifte das graubraune Novizengewand über und reihte mich in die Schlange ein, um erleuchtet zu werden. Stellte mir vor, innerhalb ziemlich kurzer Zeit ein ziemlich heiliger Mann zu werden, sagen wir, binnen sechs Wochen, weil dann mein Rückflugticket ablief. Fein.

Doch es sollte natürlich nicht sein. Vom Stillsitzen bekam ich Halluzinationen und Krämpfe, aber keine Erleuchtung. Vom Essen bekam ich Durchfall. Vom Schlafen auf einem Brett bekam ich Rückenschmerzen. Und meine Mitmönche behandelten mich wie einen westlichen Idioten und lachten hinter meinem Rücken über mich. Es war so eine Situation, wo du genug weißt, um zu erkennen, es gibt etwas, das alle außer dir wissen, aber du weißt nicht genug, um genau zu erkennen, was es ist, was du nicht weißt.

Aber ich wußte, es war Zeit, fortzugehen.

Da wurde mir zu meiner Überraschung eine Einladung zu einem Gespräch mit dem Meister des Tempels überbracht. Das war, als würde ein Lehrjunge zum Mittagessen mit dem Direktor der Firma eingeladen.

Da ich mich hauptsächlich seines Rufes wegen für eben diesen Tempel entschieden hatte und weil der Meister sich selten für Touristen wie mich Zeit nahm, verstand ich seine Einladung als besondere Ehre.

Manabu Kohara, Doktor der Wirtschaftswissenschaften, der an der Universität von Tokio promoviert hatte, Löser aller Zen-Koans (Geistesrätsel), Berater von Industriemagnaten, Verfasser von Büchern, Beherrscher von sieben Fremdsprachen, ein Prototyp des großen Lehrers. Weise, gütig, geachtet, vollkommen. Wenn er nicht genau über »es« Bescheid wußte, dann wußte es niemand.

Nachdem ich in sein privates Studierzimmer geführt worden war, knieten wir auf Kissen nieder und verbeugten uns, um uns unserer gegenseitigen Achtung zu versichern. Er aus Höflichkeit und ich aus Ehrfurcht. Lange Zeit sah er mich an und in mich hinein.

Ganz vorsichtig verlagerte er sein Gewicht auf ein Knie, und ebenso vorsichtig griff er sich an den Hintern und kratzte sich auf die Weise und an der Stelle, von der unsere Mütter uns beigebracht hatten, daß sie in Gegenwart anderer völlig tabu sei.

»Ich habe Hämorrhoiden. Sie schmerzen und jucken.«

In meinem geistigen Leitfaden stand keine Antwort auf eine derartige Einleitung verzeichnet. Ich hielt den Mund und tat sehr nachdenklich.

»Die Hämorrhoiden kommen vom Streß, nicht wahr. Von der Sorge, daß Touristen diese Mausefalle von einem Tempel in Brand stecken. Von der Sorge, genug Spenden von Geschäftsleuten zu erhalten, um die Reparaturen durchführen zu können. Vom Streiten mit meiner Frau und meinen Kindern, die nicht so heilig sind« – er lächelte – »wie ich. Und von der Verzweiflung über die Qualitäten der faulen jungen Dummköpfe, die heutzutage Priester werden wollen. Manchmal denke ich, ich hätte gern ein Häuschen auf Hawaii und würde den Rest meines Lebens nur noch Golf spielen.«

Er lehnte sich auf eine Seite und kratzte sich wieder.

»So war es, bevor ich ›erleuchtet‹ wurde, nicht wahr. Und jetzt, nach der Erleuchtung, ist es dasselbe.«

Es folgte eine lange Pause, während der er mir schweigend Zeit ließ, über seine Worte und Handlungen nachzudenken.

Als er sich erhob, winkte er mir, ihm zur Eingangsnische des Tempels zu folgen, und wir blieben vor einer alten Schriftrolle stehen, an der ich oft vorübergekommen war. Er sagte, es sei Zeit für mich, heimzukehren, dorthin, wo ich seinem Gefühl nach ein »Dürstender auf der Suche nach einem Trunk« war und »die ganze Zeit knietief in einem strömenden Fluß stand.« Ja.

Dann las er langsam die Worte auf der Schriftrolle, zuerst auf japanisch und dann sorgsam in der Übersetzung:

Es gibt wirklich nichts, was du sein mußt.
Und es gibt nichts, was du tun mußt.
Es gibt wirklich nichts, was du haben mußt.
Und es gibt nichts, was du wissen mußt.
Es gibt wirklich nichts, was du werden mußt.
Dennoch. Es ist hilfreich zu verstehen, daß Feuer brennt und daß die Erde naß wird, wenn es regnet…

»Wie auch immer, alles hat Folgen. Und niemand ist ausgenommen«, sagte der Meister.

Augenzwinkernd drehte er sich um und ging.

Und kratzte sich dabei vorsichtig am Hintern.

Am anfang von Büchern und am Ende von Filmen stehen die »Danksagungen«. Da sind diejenigen aufgeführt, denen Anerkennung und Dank gebührt. Ohne die das Buch oder der Film nicht möglich gewesen wäre. In diesem Sinne schreibe ich am Ende eines Sommers meine Danksagung an all die Menschen (sowie einige Insekten und Hunde), die mir unwissentlich das Leben verschönt haben.

Dank dem großen Mann in dem roten Kipper für die Liebenswürdigkeit, mich nicht anzuhupen, als ich bei Grün dasaß und in den Tag hineinträumte.

Dank dem jungen Hündchen, das verzweifelt versuchte, eine viel größere ältere Hundedame zu decken, dafür, daß es mich daran erinnerte, daß hochgesteckte Hoffnungen Teil der Leidenschaft sind und daß Begierde oft blind ist. *(Die geduldige Tolerierung durch den Gegenstand seiner Zuneigung verdient ebenfalls Beifall. Was schadet's?)*

Dank der dicken, welken, runzligen, grauhaarigen alten Dame in dem verblichenen blauen Badeanzug, die am heißesten Tag des Sommers im Kinderplanschbecken im Park saß und es mit allen, die da kamen, im Spritzwettbewerb aufnahm, dafür, daß sie mich daran erinnerte, was wahre Schönheit ist und daß die Kindheit ewig währen kann.

Dank dem kleinen Jungen im Lebensmittelgeschäft, der

von hinten meine Knie umarmte und mich »Daddy« nannte und mich noch einmal umarmte, obwohl er sah, daß ich nicht sein Daddy war – dafür, daß er Gratisproben von ein klein wenig Freude verteilte.

Dank dem Unbekannten, der auf dem Parkstreifen der Fifth Avenue Ringelblumen pflanzte. Nicht zufrieden damit, ein Stückchen Niemandsland zu verschönern, hat er das Schild hinzugefügt, auf dem steht: *Blumen – Bedienen Sie sich*.

Dank den drei jungen weißen Frauen, die eines Morgens am See mit den jungen schwarzen Sportkanonen gekonnt, beherzt und draufgängerisch Basketball spielten. Und Dank den jungen schwarzen Sportkanonen, die die Mädchen in ihre Mannschaft wählten, weil sie wirklich Basketball spielen konnten – dafür, daß sie mir zeigten, daß die neue Zeit noch nicht auf allen Spielfeldern des Landes zu Ende ist.

Dank den vier Gehörlosen, die sich eines Samstags auf dem Markt in Zeichensprache unterhielten; ich wußte, daß sie sich Witze erzählten *(ich weiß nicht wie, aber ich wußte es)* – dafür, daß sie mich an ihrem Lachen ohne Worte teilhaben ließen.

Dank der Dixielandkapelle, die eines Sonntagnachmittags auftauchte, um bloß aus Spaß im Park zu spielen, und aufspielte, als wäre es eine Geburtstagsparty für jedermann auf Erden – dafür, daß sie mich vergessen ließ, daß die Menschen starben.

Dank dem alten Kauz, der vor dem Drugstore in der Stadt Mundharmonika spielte und auf die Frage, wohin mit dem Geld, sagte, er tue es nicht für Geld, sondern wegen der Gesellschaft, und der ein T-Shirt mit der Aufschrift trug: *Alt und erfolgreich* – dafür, daß ich mich seitdem aufs Älterwerden freue.

Dank der flachbrüstigen jungen Frau am Badetümpel, die sich tapfer behauptete, als der Polizist ihr einen Strafzettel wegen Erregung öffentlichen Ärgernisses ausstellte, weil sie kein Oberteil anhatte – und Dank dem Polizisten, der sie nicht durch Übergehen beim Aufschreiben beleidigte, als er Strafzettel an die üppiger Ausgestatteten verteilte – dafür, daß sie für die menschliche Würde auch als Teil der Rechtsordnung stritten.

Dank dem Briefträger in meinem früheren Wohnviertel, der sich noch lange nach meinem Wegzug an meinen Namen erinnert – dafür, daß er immer erst Freundlichkeit und dann die Post ins Haus brachte.

Dank dem behinderten Mann im elektrischen Rollstuhl mit dem Schild hinten dran: *Wenn Sie sich ärgern, bitte hupen* – dafür, daß er mir zeigte, was couragierter Humor ist.

Dank den Spinnen im August, die bewirkten, daß ich langsam, behutsam und aufmerksam durch meinen Garten ging – morgens und abends – dafür, daß sie mich ihr Werk sehen und an mein eigenes denken ließen.

Dank dem alten Mischlingshund, der sich eines Morgens am See still zu mir setzte – dafür, daß er mich zum Gegenstand seiner stummen, anspruchslosen Gesellschaft erwählte. Ich fühlte mich geehrt.

Dank dem Hausmeister, der in den Fluren der Gebäude singt, wo ich arbeite – dafür, daß ich treu seinem Liede »Keep on the Sunny Side« am Ende des Tages daran denke, immer schön auf der Sonnenseite des Lebens zu bleiben.

Dank dem Mann an der Tankstelle, der mir die Autoscheiben putzte, obwohl ich an der Selbstbedienungssäule stand – dafür, daß er mich daran erinnerte, nicht durch die Gegend zu fahren, ohne alles zu sehen, was es zu sehen gibt.

Und vieles mehr, Sommergaben gab es reichlich, und es gibt mehr Berichtenswertes auf der Welt, als in der Tageszeitung gebracht wird. Und diese Nachrichten sind alle gut. Und die Gaben gibt es gratis.

In der Stadt, in der ich wohne, gibt es eine Bank. Ihre Konstruktion ist einfach – drei glatte graue Granitplatten, jede fünfzehn Zentimeter dick. Der Sitz ist vierzig Zentimeter breit und einen Meter sechs lang. Die zwei Stützbeine sind vierzig Zentimeter hoch. Nachdem ich es sicherheitshalber mit einem Kompaß nachgeprüft habe, kann ich Ihnen sagen, die Bank wurde sorgsam ausgerichtet, so daß man nach Osten oder Westen blickt, wenn man auf ihr sitzt, während die zwei Enden nach Norden und Süden zeigen.

Diese stabile Bank wurde absichtlich an der höchsten Stelle des höchsten Hügels in meiner Stadt aufgestellt, so daß man, wenn man an einem Sommermorgen bei klarem Himmel auf der Bank sitzt, in drei Himmelsrichtungen fast hundert Kilometer weit blicken kann.

Im Westen liegt die Puget Bucht,
Im Osten verläuft das Cascade-Gebirge,
Im Norden ist die Universität,
Im Süden ein großer Baum –
All diese Dinge habe ich geliebt.

Diese Worte, in die Kante der Bank graviert, sind eine Grabinschrift. Denn die Bank ist tatsächlich ein Grabstein auf einem Friedhof. Und ich würde Sie mit dorthin nehmen und mich mit Ihnen darauf setzen, wenn ich könnte.

Ich verspreche Ihnen, Ihnen würde nicht unbehaglich zumute sein, wenn Sie dort säßen. Sie würden zunächst nicht einmal merken, was das ist. Die Bank steht am Rand eines gepflasterten Weges, der sich durch den Friedhof windet, und ist so aufgestellt, daß sie eindeutig zum Sitzen einlädt. Weit und breit nichts, bis auf den roten Sandelholzbaum auf der Südseite, der durch sein hohes Alter und seine Größe irgendwie tröstlich wirkt – ein stämmiger, würdiger Gefährte.

Die Platzwahl dieser Bank, die Inschrift auf der Kante, die Kenntnis der Aussicht – all das sagt, daß jemand viel Mühe darauf verwandte, um im Tode nützlich zu sein. Hier wurde eine Abschiedsgeste in stiller Großzügigkeit vollzogen.

In über fünfundzwanzig Jahren als Geistlicher habe ich an Hunderten von Todesfällen teilgenommen – an dem Sterben, das vorausging, und der Beerdigung, die folgte. Der Einrichtung von Bestattungen ist ein unvermeidlicher Narzißmus zu eigen, eine letzte Konzentration des Verstorbenen auf sein Ich: wie ich *meine* Beerdigung wünsche und was mit *meiner* Leiche geschehen soll und wie *meine* Grabinschrift lauten soll – ein überaus menschliches Festhalten an der Identität, solange Atem und Granit dauern. Die auf geweihter Erde hinterlassenen Grabmäler dienen dazu, die Toten von den Lebenden und die Toten voneinander zu trennen. Für mich sind Grabsteine Merk-Male der Einsamkeit.

Aber die Bank, von der ich spreche, das ist eine andere Geschichte. Einmalig. Kein Name. Keine herkömmliche Grabinschrift. Und keine Daten. Nur eine wortlose Einladung an jedermann, sich hinzusetzen und nachzudenken. Was dieses Grab auszeichnet, ist das Geschenk schweigsamer Kameradschaft, die die Einsamkeit überbrückt. Auf all den Friedhöfen, die ich rund um die Welt besichtigt habe, habe ich nichts dergleichen gesehen – und nichts so Schönes.

Diese Bank ist im Laufe der Jahre für mich zu einer geistigen Zuflucht geworden. Und ich weiß, ich bin nicht der einzige, der sie nutzt, denn einmal fand ich einen Zettel, der unter die Bank geklebt war, nicht für mich; für eine junge Frau von einem jungen Mann, der sie liebte und mit großer Leidenschaft sorglose Gedichte schrieb. *(Nein, ich bedaure nicht, geschnüffelt zu haben; und ja, ich habe den Zettel zurückgetan, wie ich ihn vorfand; und nein, ich habe mich nicht im Gebüsch versteckt, um zu sehen, wer den Zettel holen kam. Heimlich Liebende haben es so schon schwer genug.)*

Zweimal habe ich die Bank mit Fremden geteilt. Ich kann nicht erklären, woher jeder von uns wußte, daß die Bank dem anderen etwas bedeutete und daß ihm Gesellschaft willkommen war. Wir wußten es eben, das ist alles. Wir saßen schweigend und gingen unserer Wege.

Und auf dieser Bank geschah es an dem Sommermorgen nach meinem fünfzigsten Geburtstag, daß ich den Punkt im Leben erreichte, wo ich von dem abstrakten intellektuellen Wissen, daß alle Menschen sterben, zu der tatsächlichen Erkenntnis gelangte, daß ich sterben werde. Ich, Fulghum, werde nicht mehr sein. Früher oder später.

Ich erkannte nicht nur, daß ich einmal sterben würde, sondern als ich ging, dachte ich: Gut, ist in Ordnung.

Ich verbinde diesen Augenblick der Erleuchtung mit dem besonderen Heiligtum der Bank und mit dem, der sie zur Verfügung stellte, wer immer es war. Ich nehme die Herausforderung meines unbekannten Wohltäters an, ebenfalls ein Geschenk für die Lebenden zu hinterlassen, statt eines nutzlosen Steines, der eine persönliche Liegenschaft kennzeichnet.

Diese Bank wird mehrere hundert Jahre bestehen. Viele Menschen werden auf ihr sitzen und nicht an den Namen ihres Besitzers denken, sondern an die namenlosen Freuden dieses süßen Lebens und das Geheimnis des Todes und wie überaus wundersam das alles ist und daß irgendwie, irgendwann die Dinge genauso sind, wie sie sein sollten.

Ich schreibe dies an einem Donnerstagabend im Februar, am vierzigsten Tag des Jahres 1989. Es ist Winter in Seattle, Washington, USA. Klarer Himmel und Neumond.

Wenn das Leben und seine Geschichten und mein Schreiben auch weitergehen, im Augenblick bin ich an den Punkt gelangt, wo meine Arbeit an diesem Buch beendet ist. Morgen geht das Manuskript nach New York und in den Produktionsprozeß, der es in ein Buch verwandelt. Das Loslassen ist nicht leicht – es ist, wie wenn man ein Kind in ein Internat schickt, wo es den letzten Schliff erhält.

Einigen Lesern fällt vielleicht auf, daß einige Geschichten, die ihnen auf der letzten Seite von *Alles, was Du wirklich wissen mußt, hast Du schon als Kind gelernt* versprochen wurden, in diesem Buch nicht auftauchen. Wie kommt das? Antwort: Gehen Sie manchmal mit einer langen Einkaufsliste los und kommen mit einem Haufen anderer Sachen aus dem Lebensmittelgeschäft nach Hause? Und jemand von der Familie packt die Lebensmittel aus und will wissen, warum Sie dieses gekauft haben und jenes nicht und wo denn nur dies und das geblieben ist? Und Sie würden am liebsten sagen: »Na und, sei doch froh, daß ich wiedergekommen bin, ja?« Und der oder die Auspackende sagt: »Na schön, das nächste Mal bring mit, was auf der Liste steht.« Ja, das nächste Mal werde ich

Ihnen etwas über Frösche, ein Plakat in einem Lebensmittelgeschäft in Pocatello, Idaho, die Heilsmarine und den kleinsten Zirkus der Welt erzählen. Ist versprochen.

Gleich werde ich mit meinem Ritual des Zubettgehens beginnen. Es wird dem Ihren nicht unähnlich sein, nehme ich an. Ich werde durchs Haus gehen, die Lichter ausmachen, die Türverriegelungen überprüfen, die Heizung herunterstellen, noch einmal im Kühlschrank nachsehen, ob dort wunderbarerweise Schokoladeneis aufgetaucht ist, seit ich das letzte Mal so gegen neun Uhr abends hineingeschaut habe. Dann werde ich mittels Autopilot im Dunkeln den Weg finden, die Treppe hinauf und ins Bett neben meine schlafende Frau. In diesem Moment überkommt mich jedesmal ein stummes Lachen. Sie trägt eine schwarze Augenbinde, darum ist es, als legte ich mich zu dem Einsamen Ranger der Westernserie in die Falle. Aber ich habe den einsamen Ranger immer gemocht, und ich sage jedesmal vor mich hin: »Der getreue Indianer Tonto ist da.« Das ist ein dummer Scherz von mir, und ich sage es nicht mehr laut. Aber ich denke es. Und gehe belustigt zu Bett, was nicht die schlechteste Art ist, sich zur Nachtruhe zu begeben, und sei der Scherz noch so albern.

Wie auch immer, als nächstes schiebe ich meine Kissen so zurecht, wie ich sie haben will, stelle den Wecker, lege mich hin und überlasse mich dem Zustand zwischen Wachsein und Schlafen. Mein Tagessinn möchte weiterhin die eingehende Post sortieren und die Liste der zu erledigenden Dinge bearbeiten. Aber ich werde bei mir denken, was ich gedacht habe, so lange ich mich erinnern kann: Dieser Tag war erfüllt – morgen ist auch noch ein Tag. Unterdessen brauche ich Schlaf. Alle anderen schlafen, warum nicht auch ich? Wenn ich gut schlafe, geht mir die Arbeit morgen wieder gut von der Hand. Schlaf, Fulghum, schlaf. Und ich schlafe. Dies ist nicht gerade ein Nachtgebet im herkömmlichen Sinne, aber es meint Frieden in der Nacht und die Hoffnung auf ein produktives Leben am nächsten Tag. Das reicht als Gebet, finde ich.

Heute abend werde ich innerlich lachend zu Bett gehen. Ich habe das Manuskript ein letztes Mal durchgelesen und war selbst überrascht, Passagen zu finden, die ich noch immer komisch finde, sogar nach häufigem Lesen. Humor ist ein bißchen verdächtig – der herkömmlichen Gelehrsamkeit zufolge führt er vom ernsthaften Schreiben fort. Deshalb frage ich mich, ob die lustigen Abschnitte gestrichen werden sollten. Ich denke nicht – und zwar deswegen:

Durch das Leben zu gehen und es nur realistisch zu sehen ist ein Problem. Das Leben hat eine dunkle, böse, hoffnungslose Seite, die Leiden, Tod und das endgültige Vergessen einschließt, wenn unsere Erde in eine sterbende Sonne stürzen wird. Auf nichts kommt es wirklich an.

Andererseits ist die beste Seite in unserem Wesen fest entschlossen, das Leben *jetzt* so bedeutsam wie möglich zu machen, unserem Schicksal zu trotzen. Auf alles kommt es an. Auf alles.

Man wird leicht gelähmt zwischen diesen zwei Gesichtspunkten – da man beide so klar sieht, daß man nicht entscheiden kann, was man tun oder sein soll.

Lachen treibt mich an solchen Wegkreuzungen vorwärts.

Wir sind die einzigen Geschöpfe, die lachen und weinen. Ich glaube, das ist so, weil wir die einzigen Geschöpfe sind, die den Unterschied sehen zwischen der Art, wie die Dinge sind, und der Art, wie sie sein könnten. Tränen bringen Erleichterung. Lachen bringt Erlösung.

Vor einigen Jahren stieß ich auf einen griechischen Ausdruck – *asbestos gelos* –, ein unauslöschliches Gelächter. Ich habe ihn bis zu Homers *Ilias* zurückverfolgt, wo er zur Beschreibung des Gelächters der Götter diente. Das ist meine Art von Gelächter. Und wer zuletzt lacht, lacht am besten.

Gute Nacht. Schlafen Sie sorglos.